GIACOMO BRUNO

FORMATORE COACH

Strategie di Comunicazione, Leadership, Team Building e Public Speaking per la Formazione

Titolo

"FORMATORE COACH"

Autore

Giacomo Bruno

Editore

Bruno Editore

Sito internet

http://www.brunoeditore.it

Sommario

Introduzione

Nella mia vita ho tenuto decine di corsi di formazione aperti al pubblico o dedicati alle aziende. Ricordo che il mio primo corso, parecchi anni fa, si tenne proprio in azienda: si trattava di un corso di vendita per le agenti di un famoso centro fitness di Roma.

Fu un'esperienza entusiasmante: all'inizio avvertivo una forte emozione, era la mia prima volta e non sapevo bene come sarebbe andata. Il corso durava solo mezza giornata, ma per paura di rimanere bloccato mi ero preparato materiale per almeno due giornate di formazione! Tutto filò liscio, le persone furono entusiaste e la titolare mi chiese di fare ulteriori sessioni di formazione. Che giornata indimenticabile!

Da allora tutto è stato in discesa. Ho proseguito la formazione aziendale e, al tempo stesso, ho iniziato a dedicarmi ai corsi aperti al pubblico. Grazie al mio libro *Seduzione* avevo ottenuto diversi passaggi televisivi; in particolare ero stato ospite di Canale 5, della Rai, di RossoAlice e di varie emittenti regionali, quindi godevo già di una discreta fama.

Il mio primo corso al pubblico fu proprio sulla seduzione. Parteciparono più di venti persone e anche quello fu un grande successo. Per la prima volta sentii di essere "portato per parlare in pubblico". Eppure ne ho sempre avuto paura. Come tutto il resto della popolazione mondiale. Statistiche provenienti sia dalla Gran Bretagna che dagli Stati Uniti ci dicono che la paura di parlare in pubblico è la seconda più avvertita dopo quella della morte.

Ma la verità è che chiunque può imparare a farlo. In piena sicurezza, senza paure. Questa guida sul mondo della formazione ti spiega come diventare un formatore eccellente, nei corsi in aula come in quelli aziendali. Nella prima parte di questa guida imparerai tutte le strategie dei più grandi team leader aziendali per costruire gruppi di successo, attraverso le strategie di Programmazione Neuro-Linguistica. La PNL è la scienza che da oltre trent'anni modella i grandi leader e i gruppi di successo per trovare le soluzioni migliori e costruire persone e gruppi motivati in grado di gestirsi autonomamente.

Ti insegnerò a guidare le persone che stai formando, creando un obiettivo. Una missione comune e tanto straordinaria che le persone del team, tutte assieme, vorranno raggiungerla, soddisfacendo a un tempo sia l'obiettivo comune che i propri obiettivi individuali.

Ti spiegherò il concetto di allineamento sia per la tua congruenza personale come formatore, sia per allineare interi gruppi alla missione prefissa, affinché ci sia corrispondenza tra le intenzioni e la condotta, affinché gli atteggiamenti esterni rispecchino i valori e l'identità.

Formare significa creare capacità, competenze, sostenere e aiutare il proprio pubblico o i propri collaboratori. Se sei un manager aziendale imparerai come abbinare la formazione e la delega, e sarai in grado di gestire tante e tante persone, facendole sentire parte di un gruppo. Perché, comunque, che tu sia a capo di un team o ne faccia parte, l'azienda per la quale lavori è comunque un gruppo e tutti insieme si può arrivare al successo.

Nella seconda parte troverai strategie pratiche per parlare in pubblico e coinvolgere le persone che ti ascoltano. Da tecniche per sentirti sicuro di te a come strutturare un messaggio nel migliore dei modi.

Scoprirai i segreti di Anthony Robbins, di Richard Bandler, di John Grinder e di Robert Dilts per comunicare in pubblico in maniera efficace e senza più stress.

Come ti dicevo, in molti hanno paura di parlare in pubblico, anche perché è stressante sentirsi giudicati. Tuttavia esiste un modo per imparare a gestire questa sgradevole sensazione e non sentirsi più stressati, per vivere la prova del contatto con il pubblico con serenità ed efficacia, e per trasmettere sicurezza già solo attraverso la postura.

Imparerai a lavorare su te stesso in qualità di "formatore"; lavorerai sul "pubblico", ovvero le persone che hai di fronte e a cui rivolgi la tua conferenza, il tuo messaggio. Infine lavorerai sul "messaggio" stesso. Imparerai, quindi, come strutturare un buon messaggio, fare un buon decollo per partire bene, poi un buon volo, che coinvolga chi ti ascolta, e, infine, un buon atterraggio, morbido e sicuro.

Le fasi più delicate, ovviamente, sono il decollo e l'atterraggio. Ma attraverso una serie di prove pratiche vedremo come attuarle per ottenere il meglio.

Buona Lettura!
Giacomo Bruno

GIORNO 1:

Imparare a Parlare in Pubblico

All'inizio abbiamo detto che secondo alcune statistiche la paura di parlare in pubblico risulta essere la seconda più avvertita dopo quella della morte. Pensa, quindi, quanto sia di forte impatto l'idea di mettersi in mostra, di mettersi in gioco di fronte a un pubblico che sia di dieci, venti, cento, mille persone, di farsi giudicare mentre parliamo di qualcosa che ci appassiona come di qualsiasi altra cosa.

Parlando in pubblico, infatti, ci si mette in gioco. Pensa ai presentatori televisivi: sono le persone più pagate al mondo oltre agli sportivi, che però guadagnano molto per un numero minore di anni. I calciatori o i piloti hanno forti entrate dai venti ai trenta anni, poi o vivono di rendita, se hanno investito bene i loro soldi, o continuano a lavorare nel mondo dello sport.

Al contrario i conferenzieri, le persone che parlano in pubblico, sono i più pagati e lo sono per tutta la vita. Pensa a un Mike

Bongiorno o a un Pippo Baudo, sono stati i primi ad aver creato la televisione e sono ancora presenti nei nostri programmi. Pensa a un Paolo Bonolis che a suon di milioni passa da una rete all'altra, e ne prenderà tanti per il resto della vita perché sarà sempre bravo, sarà sempre un fuoriclasse nel parlare in pubblico.

Si può imparare a parlare in pubblico? Sì, si può imparare, infatti loro hanno imparato. Ma c'è anche chi ha un talento naturale nel farlo ed è proprio da queste persone che la Programmazione Neuro-Linguistica ha estratto le strategie migliori e più efficaci per parlare in pubblico. Quindi, cosa ha fatto la PNL? Ha preso in esame i grandi comunicatori, i grandi leader, i grandi conferenzieri e si è chiesta cosa facciano di diverso dagli altri per avere tanto successo.

Io, personalmente, ho imparato a parlare in pubblico da Richard Bandler, fondatore della Programmazione Neuro-Linguistica, e da altri personaggi di spicco, ad esempio Anthony Robbins, uno dei più grandi conferenzieri del mondo. Ho frequentato un suo corso a Londra e posso testimoniare che il suo modo di parlare in pubblico è impressionante.

I suoi corsi radunano sino a 10.000 persone alla volta, lui sta in piedi di fronte al suo pubblico, sta fermo o si muove, ed esprime energia con ogni suo gesto e attraverso ogni sua parola per quindici ore di fila senza fare pausa, dalle otto del mattino a mezzanotte. A quarantacinque anni ha un'energia che farebbe veramente invidia a un ragazzino di vent'anni. Come fa?

Ci sono delle tecniche e delle convinzioni che bisogna possedere per parlare in pubblico con efficacia. Al tempo stesso parlare davanti a una platea è soprattutto questione di esperienza. Dale Carnegie, ormai scomparso, è stato uno dei primi a insegnare a parlare in pubblico, lo faceva già nei primi decenni del Novecento. È autore di moltissimi libri nei quali afferma che «il miglior modo per parlare in pubblico è parlare in pubblico».

Vale a dire che se vuoi parlare davanti a una platea, devi semplicemente farlo. Se poi hai delle strategie apprese dalla PNL, tanto meglio. Sarai più efficace e farai meno errori. Comunque, se ne farai, sarà un'occasione in più per migliorarti e imparare cose nuove; l'esperienza è la cosa migliore che si possa fare.

Ecco perché durante i miei corsi in aula faccio fare agli allievi tante prove pratiche; ciascuno di loro viene al mio posto e parla in pubblico, magari per un minuto, solo per presentarsi o per presentare un piccolo argomento che lo appassiona. Perché solo affrontando i propri limiti e le proprie paure, solo mettendosi a parlare davanti a una platea si può imparare a farlo nel modo migliore. Ti solleciterò spesso a ripetere questi esercizi. Tuttavia molte delle tecniche che vedremo sono soprattutto di ordine psicologico.

SEGRETO n. 1: la capacità di parlare in pubblico può essere un talento naturale ma è anche un'abilità che si può acquisire e il modo migliore per riuscirci consiste nel fare pratica.

Il public speaking si fonda su tre pilastri:
1) il **formatore**, ovvero chi sta di fronte al pubblico;
2) il **pubblico** stesso;
3) il **messaggio**, ossia i contenuti che il formatore intende trasmettere al suo pubblico.

Ci sei tu, che sei il formatore, c'è il tuo pubblico e c'è quello che stai dicendo, molto semplicemente e banalmente. Si tratta di tre componenti molto semplici ma fondamentali; vedremo come ottimizzare tutte e tre, in primo luogo come essere efficace come formatore, smettendo di avere paura ed essere stressati di fronte a un pubblico. Quindi agiremo soprattutto a livello di equilibrio mentale e fisico.

Poi capiremo come trasmettere sicurezza agli altri e a noi stessi, cosa molto importante proprio perché, come sai, la paura di parlare in pubblico è una delle più temute in tutto il mondo indipendentemente dalla cultura.

C'è anche da dire che è una paura appresa, perché i bambini non hanno paura di parlare in pubblico. Infatti un bambino non si tira certo indietro, è il primo che vuole parlare e giocare. Ricordo che alle elementari mi scelsero per recitare una poesia a memoria di fronte a tutta la scuola e non ho avuto alcuna difficoltà se non quella di memorizzare la poesia. Quello era il mio problema, allora.

Evidentemente ho appreso crescendo la paura di parlare in pubblico, come tutti noi. Complici il timore di essere giudicato, l'autostima non fortissima e l'adolescenza, che in questo senso non aiuta, ho sviluppato nel tempo la paura a parlare di fronte ad altre persone, per poi recuperare l'originaria sicurezza molto più in là.

È un discorso davvero interessante. Seguii il mio primo corso di public speaking da studente, poco prima di discutere la mia tesi di laurea in ingegneria, quindi non tantissimi anni fa, e mi è servito quel tanto che bastava per fare un figurone.

Ricordo che il giorno della discussione ero il terzo di una lunga lista di laureandi. I due prima di me non si presentarono e toccò subito a me. La cosa, che avrebbe dovuto trasmettermi ansia, mi lasciò invece del tutto tranquillo. Ero assolutamente sereno, gestivo benissimo il mio stato emotivo. Attraverso una mappa mentale di mia creazione avevo schematizzato ciò che volevo dire e ho fatto il mio discorso coinvolgendo anche la commissione che, invece, in questi casi è spesso annoiata e disattenta. La discussione è riuscita talmente bene che nessuno mi ha interrotto con domande tese a saggiare la profondità della mia preparazione e poi, nel concludere la presentazione, sono stato io a dire: «Se avete delle domande potete farmele». A quel punto i commissari, soddisfatti, hanno girato la domanda al pubblico.

Posso dirti che grazie agli strumenti appresi durante quel corso sono riuscito a cambiare completamente il mio atteggiamento. Ai miei allievi corsisti basta una giornata per rendersi conto di come le cose siano cambiate. E non succede perché alla fine si conoscono meglio e, quindi, hanno meno difficoltà a parlare di fronte ad amici o conoscenti, ma perché hanno appreso nuove tecniche, possiedono nuovi strumenti efficaci quanto semplici.

La PNL è efficacia allo stato puro poiché cerca di velocizzare al massimo l'apprendimento, con strumenti pratici e concreti che proverai subito. Non dovrai credere alle mie parole, a quello che ti dico, potrai metterlo in pratica istantaneamente.

SEGRETO n. 2: la paura di parlare in pubblico si acquisisce con gli anni, tant'è vero che i bambini non sanno cosa sia e non si tirano mai indietro se c'è da parlare e giocare.

Dopo aver parlato del formatore passiamo al pubblico. Come si può creare rapport, ossia sintonia, con chi ti ascolta, e come coinvolgerlo? Rapport è una parola creata dalla PNL e sta a significare "creare sintonia", entrare in rapporto con le persone. Vedremo poi come strutturare il messaggio affinché sia efficace, perché riusciamo a incuriosire tutte le persone che abbiamo di fronte e facciamo sì che si ricordino delle nostre parole. Si procede per punti essenziali, seguendo il filo conduttore di un'idea centrale per poi chiudere in bellezza.

Il punto di partenza per un formatore eccellente deve essere **se stesso**. Il suo comportamento, ovviamente, dipenderà in gran parte dal contesto nel quale si trova. Se ha di fronte un'aula di venti persone si comporterà in un certo modo, se il suo uditorio è composto da cento o più persone in un altro.

Ad esempio, nel momento in cui ho cominciato a produrre videocorsi ho cambiato completamente il modo di fare lezione. Ho capito che questo cambiamento era necessario dopo aver visto la registrazione dal vivo del mio modo naturale di tenere un corso. Uno dei comportamenti che ho modificato riguarda l'uso delle lavagne. Inizialmente scrivevo su di esse con gli studenti presenti, durante il corso. Lo facevo per integrare maggiormente i miei allievi, per creare la lezione in diretta, mentre erano lì con me.

Solo, che cosa succedeva? Che il corso risultava estremamente lento, perché le esigenze televisive sono diverse dalle esigenze di un'aula. Un video deve essere agile nel suo scorrere, per quanto sia già una sintesi, visto che esercizi e pause vengono tagliati, altrimenti parlerei per otto ore e non tre.

Ho compreso, quindi, che era necessario iniziare il corso con le lavagne già pronte. Infatti chi guarda il corso in tv si annoia nel vedermi quasi di spalle, intento a scrivere le lavagne, mentre nel frattempo ci sono lunghi silenzi. Mi sono accorto che il ritmo del mio corso-tipo era troppo lento per la tv e ho cambiato il mio modo di fare aula. Oltre a scrivere in anticipo le lavagne ho capito di dover prestare attenzione a modulare il mio modo di parlare, adattandomi al contesto in cui mi trovo.

La flessibilità è una delle doti più importanti di chi presenta in pubblico. È molto importante essere flessibili rispetto alle persone che si hanno di fronte, rispetto all'ambiente e nei confronti di qualsiasi altra cosa. Pensa ai presentatori tv: un Bonolis, ovviamente, adotterà uno stile molto diverso a seconda che si trovi in tv o in un'aula a tenere una conferenza. Quindi il mezzo attraverso il quale comunichiamo è importante.

È anche un mestiere difficile, non solo perché ci si mette in gioco e si viene giudicati, ma perché spesso abbiamo a che fare con persone che ci sono ostili o hanno solo intenzione di disturbarci.

Pensa a un mio corso: ci sono persone motivatissime che hanno pagato per partecipare e quindi vogliono apprendere tutto. Non vogliono perdere neanche una parola di ciò che dico. Alcuni ragazzi alle dieci in punto mi dicono: «Dai, iniziamo!», perché sono ansiosi di sapere e non vorrebbero che arrivasse mai la fine. È giusto che sia così, perché hanno pagato, sono curiosi e appassionati e vogliono sapere il più possibile.

Qualche tempo fa ero a fare formazione in un'azienda, dove l'atteggiamento generale è molto diverso. Innanzitutto in queste situazioni a pagare non sono coloro che seguono il corso, e cioè i dipendenti, ma è il capo, che ritiene i suoi venditori non abbastanza capaci; pensa che non realizzino abbastanza fatturato, che non abbiano strumenti efficaci.

Secondo te, un pubblico composto di venditori con alle spalle dieci, quindici o anche vent'anni di esperienza, se vede arrivare, con la pretesa di insegnare qualcosa, un ragazzo giovane e con assai meno anni di vendita alle spalle, come può reagire? Può accogliermi con entusiasmo? Sarà motivato ad apprendere qualcosa?

Certamente no. I partecipanti vedranno la formazione come una punizione per i loro scarsi risultati. Al contrario dovrebbero invece vederla come un premio, perché il capo crede in loro e vuole investire nella loro crescita professionale, ma è il capo stesso che deve essere bravo nel trasmettere questo messaggio.

Arrivo in un'aula dove non conosco nessuno, con persone che mi guardano un po' storto perché pensano sia troppo giovane o non abbastanza esperto. In fondo, non conosco il loro ambiente, il loro capo, il loro prodotto, non conosco i loro mezzi, per cui non ho nulla a che spartire con loro.

Se io avessi una scarsa autostima, non mi considerassi un buon formatore, sarei il primo a impaurirmi di fronte a una situazione di questo genere e non riuscirei a creare rapport, sintonia con i miei allievi. Invece io so di essere un ottimo, un eccellente formatore. Nel momento in cui entro in aula devo sapere chi sono, cosa ho da dare agli altri, trasmettendo loro il mio messaggio e riuscendo a recuperare le loro convinzioni. Si dice fare un buon "setup" e ne parleremo dopo.

La prima cosa che faccio entrando in aula è presentarmi. Dico: «Mi chiamo Giacomo Bruno e sono qui a parlarvi di strategie e tecniche di vendita che studio da quindici anni. Mi trovo in prima persona a vendere e ho fatto tanti corsi ai venditori, anche se so che mi vedete molto giovane». Lo dico io per primo, anticipando l'obiezione che hanno in mente. Se non lo facessi, infatti, non farebbero che pensarci per tutto il tempo senza starmi ad ascoltare. Poi continuo dicendo: «Ciò che vi chiedo, visto che non siete qui per vostra scelta ma perché ve lo ha chiesto il capo, è di ascoltarmi e sfruttare il più possibile ciò che vi posso dare».

Spesso racconto anche una bella storiella, che adoro, quella degli 86.400 euro che una banca ti accredita per sbaglio. Tu vai a vedere il tuo conto corrente e te li ritrovi. Sai che li devi spendere entro la sera stessa, altrimenti domani la banca te li toglie. Cosa fai? Cosa faresti? Li spenderesti tutti o li lasceresti lì? Tutti, di corsa! Bene.

Ogni giorno tu hai 86.400 secondi a disposizione, ciò che compone una giornata, ventiquattro ore. Li vuoi spendere bene o li vuoi buttare? Se li lasci scorrere senza approfittare delle occasioni che ti si presentano, li perdi. Se un venditore non mi ascolta solo perché pensa che io sia troppo giovane per potergli dare qualcosa di positivo, sta sprecando i suoi secondi. Allora sarebbe meglio per lui ascoltare, tanto non ha scelta, lì deve stare, il capo ha deciso così, tanto vale ascoltare e spendere bene questi secondi.

Questo aneddoto è perfetto per attirare l'attenzione, è uno dei modi a nostra disposizione per incuriosire le persone, per riprenderle mentre si stanno distraendo.

Faccio anche dei corsi ai medici sulla comunicazione medico/paziente. Le obiezioni sono le stesse, ma i medici, soprattutto quelli che fanno questo lavoro da trenta/quarant'anni, sono spesso ancora più rigidi. Perché lo faccio? Perché ho avuto esperienza come medico? No! Perché studio da tanti anni comunicazione, ho avuto esperienza come comunicatore e quindi sono in grado di dar loro suggerimenti circa la comunicazione medico/paziente, e questa è la prima cosa che dico.

Un primario che fa questo lavoro da quarant'anni non mi vede di buon occhio, almeno non da subito, quindi è essenziale che io anticipi le sue obiezioni dicendo: «Lo so che sono molto giovane, che non ho mai dovuto dire a un paziente che sta male, però posso aiutarti a comunicare in modo più efficace, a capire meglio il paziente. Perché se io non sono medico e non devo fare medicina, so comunque ben comunicare ed è importante che lo sappia fare anche tu. Poi, se ciò che ti insegnerò potrà aiutare anche solo un paziente sarà già importantissimo e a me sta bene; più cose apprendi e meglio è».

Tra l'altro, le stesse tecniche di comunicazione che insegno ai venditori in azienda o ai medici all'ospedale possono essere da loro utilizzate anche al di fuori di questo contesto, magari a casa, per comunicare meglio con la propria moglie, i propri figli o i genitori. Sono competenze indipendenti dal contesto ed è questo il bello della Programmazione Neuro-Linguistica.

C'è tutto un collegamento di crescita che è molto utile e che devi far notare nel momento in cui parli in pubblico. Voglio dire che ciò che devi mettere in rilievo sono i benefici che derivano non a te ma al tuo pubblico, a coloro che hai di fronte, nell'ascoltare il tuo messaggio.

È sicuramente necessario, per una comunicazione riuscita, che il formatore abbia una buona forza interiore; ecco perché ne sottolineo molto l'importanza e lo considero il primo pilastro. Perché se il comunicatore non è a posto con se stesso, se la sua autostima è a rischio, se non è pronto ad affrontare le obiezioni che arrivano da un pubblico ostile o non interessato a ciò che ha da dire, si trova nei guai.

La paura di parlare in pubblico nasce dal sentirsi giudicato, dal non avere nulla da dire. Quindi, parlando del formatore, ci sono diversi aspetti da verificare. Il primo è sicuramente quello delle motivazioni. Quali sono le tue motivazioni per parlare in pubblico?

Poniamo che io debba organizzare un corso di comunicazione per i medici. Quali sono le mie motivazioni? Perché voglio dare qualcosa ai medici? Qualunque sia il pubblico davanti al quale andrai a parlare, dovrai comunque avere un buon motivo per farlo. Solo se avrai buone motivazioni riuscirai a trasmetterle. Se sei il primo a non credere in te stesso o in quello che hai da dire, non trasmetterai nulla perché non avrai nulla da trasmettere.

Quindi, quali sono queste motivazioni? Poi, perché dovresti essere proprio tu a parlare di questo argomento? Che diritto hai? Come te lo sei guadagnato il diritto di parlare a qualcuno? Che diritto hai di andare in azienda a insegnare ai venditori a fare il loro mestiere se non hai mai venduto in vita tua?

Quindi è giusto che tu abbia qualcosa di speciale, che tutti abbiano qualcosa di speciale per cui meritino di parlare della propria storia. Cosa c'è di straordinario in ciò che hai da dire? Cosa fa veramente la differenza? Cosa rende differente o straordinario te come persona o il tuo argomento rispetto alle centinaia di conferenzieri che parlano del medesimo soggetto?

Trova quello che fa la differenza, ovvero la "differenza che fa la differenza", perché è la domanda base della PNL. Trovala, merita di parlare del tuo argomento. Mentre ci pensi, trova le motivazioni che hai quando parli in pubblico, se già non lo fai. Se sei tra quelli che lo faranno, se ti troverai a parlare in pubblico per qualsiasi motivo, trova sempre risposte a queste domande, perché domande di qualità portano sempre a risposte di qualità.

Se veramente ti rendi conto di meritare di parlare di un dato argomento, riuscirai a trasmettere anche questo. Se pensi di non meritare di parlarne, perché ti rendi conto che non hai nulla di straordinario da dire al riguardo, forse è meglio lasciar perdere e trovare un altro argomento, un qualcosa che realmente ti appassioni.

Io, infatti, consiglio ai miei allievi di intraprendere un'attività lavorativa che amano, perché solo in quel caso riusciranno a trovarsi realmente bene. Perché se c'è la passione non potrai che migliorare, troverai sempre il tempo di leggere un libro in più, ascoltare un cd o vedere un video che ti faccia crescere professionalmente. Se lo devi fare per forza è meglio non farlo.

Ugualmente, quando devi parlare in pubblico, se non hai forti motivazioni le persone se ne accorgeranno e non troveranno stimoli in te, nel tuo modo di parlare e di esprimerti.

SEGRETO n. 3: se vuoi parlare in pubblico devi avere qualcosa di speciale da dire, perciò trova "la differenza che fa la differenza" nel contenuto del tuo messaggio.

Dopo aver parlato delle motivazioni, affrontiamo il discorso delle paure. Parlare in pubblico fa paura, d'accordo, ma è possibile che sia un'idea talmente stressante da mettere ansia? Cosa può succederti, parlando in pubblico, oltre a fenomeni fisiologici come rimanere senza dire nulla, sudare o avere la voce tremolante? Temi che le persone ti giudichino o possano pensar male di te? Lo vedremo dopo, quando dovremo affrontare nello specifico questa paura.

C'è un esercizio denominato **ponte sul futuro**, studiato, creato e insegnato dalla PNL. Cosa ha fatto Bandler, il fondatore della PNL? Ha studiato le persone che avevano successo nel parlare in pubblico e ha fatto un confronto con coloro che non lo avevano, traendo delle conclusioni.

Parliamo di cose pratiche. Cosa succede quando devi affrontare un esame o un colloquio di lavoro? Ti sarà capitato nella vita. Prima di un esame, molti iniziano a crearsi delle immagini, addirittura un filmato mentale, in cui va tutto male. Quando pensi alla paura di parlare in pubblico è probabile che ti veda in difficoltà in un contesto di public speaking. Ti immagini sudare, tremare, ti rendi conto di non aver nulla da dire, in più sai che le persone presenti ti giudicheranno senza pietà. È un dialogo interno pauroso, peggiore di un film dell'orrore.

Questo è ciò che fanno le persone che si creano la loro paura. Se la vedono, se la sentono e se la vivono nella mente. In PNL si dice che le cose vividamente immaginate sono vissute come fossero realtà, almeno come risposta fisiologica, mentale ed emotiva. Per cui se ti crei un filmato mentale in cui va tutto male ti sentirai male davvero, avrai davvero paura e inizierai davvero a sudare.

Bandler, che è una persona di successo, dice: «Se questo meccanismo funziona così bene, usiamolo a nostro favore e quindi giriamolo al contrario creandoci un filmato mentale in cui va tutto benissimo».

Mentre sei qui a parlare in pubblico ti sembra di sentirti già molto più sicuro e ti vedi parlare con scioltezza. Ti guardi attorno e vedi che le persone sono felici, attente e serene, e che ti apprezzano per quello che stai dicendo. Ti vedono come un grande formatore, come un appassionato dei concetti che esprimi e che dici con forza, sicurezza e coerenza. Alla fine il pubblico ti applaude soddisfatto.

Vivi questa situazione, non solo una volta, ma due volte, dieci volte, cento volte. In questo modo, quando andrai a parlare in pubblico davvero, non ti parrà che sia la prima volta. Avrai l'impressione di esserti già trovato in quella situazione molte volte, il cervello sentirà di essere già passato per quel percorso. Hai già programmato il cervello ad andare in quella direzione; questo rende bene l'idea di cosa significhi Programmazione Neuro-Linguistica.

Anche attraverso esercizi semplici come il ponte sul futuro ti puoi aiutare moltissimo. È proprio come se facessi un salto nel futuro e vedessi le cose esattamente come vorresti che andassero. In questo modo il tuo cervello sarà più indirizzato verso quell'obiettivo.

Prova a farlo adesso. Immagina di stare di fronte a un gruppo di persone a tenere una conferenza; ti guardi intorno e ti rendi conto che il pubblico è soddisfatto, che ti guarda con ammirazione e comunque con rispetto. Si avvicinano a te e ti chiedono: «È la prima volta che parli in pubblico? Bene, comunque hai avuto coraggio a stare qui, complimenti! Già solo questo è coraggioso e merita rispetto».

Immagina di sentirti sicuro, di sentire la tua voce filare liscia corredata da una gestualità coerente e congruente con ciò che dici. Immagina di sentirti bene in questa situazione e pensa che ti darò tanti strumenti per sentirti ancora meglio. Mentre immagini questo avverti le sensazioni di sicurezza e di equilibrio scorrere nel tuo corpo, espandendosi e facendoti sentire bene anche mentre sarai davanti al tuo pubblico a parlare.

Conserva questa sensazione per sfruttarla nelle occasioni in cui ti servirà, fissala con un'immagine o una parola che ti aiuti a richiamarla nel momento giusto e che ti farà sentire a posto quando sarai di fronte a un vero pubblico.

Ricordala e tienila a mente, perché, mentre andiamo avanti, il tuo cervello possa autoprogrammarsi ad andare bene. Anche più tardi, mentre andremo avanti nella spiegazione, tu continuerai a immaginare di parlare in pubblico e fare un figurone, e questo ti aiuterà a sentirti bene quando accadrà davvero.

Quindi, una volta superate le nostre paure, dovremmo chiederci come si trasmette lo stress. Perché, alla fine, una delle domande chiave è: «Come fai a sapere di avere paura? Come fai a sapere di essere stressato?» Spesso i miei allievi mi confidano che l'idea di parlare davanti ai propri colleghi in aula dà loro stress, anche se al di fuori non si vede e gli altri allievi non se ne accorgono.

Molti miei allievi che vengono qui a parlare si sentono morire, sono stressatissimi, ma ti assicuro che dall'esterno gli altri non vedono nulla, non si accorgono di nulla. Quindi è anche importante capire come trasmettiamo lo stress, perché già se impariamo a non comunicarlo, e anzi a trasmettere sicurezza, faremo un'altra impressione su chi ci ascolta.

Se riusciremo a trasmettere sicurezza e non stress gli altri ci daranno un feedback positivo, un commento benevolo, una buona risposta al nostro atteggiamento e ci faranno star bene, ci daranno un'identità di persone che, tutto sommato, sono tranquille quando parlano in pubblico.

Quindi, in genere, come si comunica lo stress? Attraverso il corpo, parlando piano, con l'irrequietezza, una copiosa sudorazione, una voce tremolante o un ritmo del parlare accelerato, divenendo rosso o avendo vuoti di memoria. Tanti modi. Quanti ne abbiamo per trasmettere lo stress! Purtroppo ne abbiamo pochissimi per trasmettere sicurezza.

Quand'è che si comunica sicurezza? Quando si guarda dritto in faccia il proprio pubblico, quando si assume una postura centrata, si adotta una gestualità efficace che trasmette sicurezza, quindi tutto il contrario di ciò che abbiamo detto prima. Non sudare, non arrossire e così via.

Se sappiamo come si trasmette lo stress, sappiamo anche come non trasmetterlo. Basta fare il contrario, basta assumere una certa posizione ed essere tranquilli interiormente. Il ponte sul futuro è un ottimo modo per acquisire questa tranquillità e quando l'avremo di fatto acquisita la nostra fisiologia si adeguerà. Quindi non tremeremo più, la nostra voce sarà più tranquilla, o più veloce se qualcuno pensa di andar più lento se stressato.

Io, ad esempio, ero uno di quelli che andava molto velocemente quando era stressato. Parlavo così velocemente che non sapevo più neanche cosa stavo dicendo, andavo e basta. Molti altri, i più in verità, hanno paura dell'esatto contrario, ovvero di rimanere zitti. Forse anche il mio parlare velocemente nascondeva la paura di rimanere zitto, quindi usavo tutte le parole che mi venivano in mente, come fossi un fiume in piena.

Anche in questo caso potrebbe tornarti assai utile l'esercizio di centratura, da me utilizzato anche nel corso sul team building, perché è importante, anzi fondamentale, per trasmettere la missione in un'azienda. Se io sono a capo di un'azienda e voglio trasmettere i miei valori e la mia missione a cento e più persone, nel parlare dovrò, innanzitutto, essere centrato.

La **centratura** è un esercizio che riguarda non solo la postura, quindi la fisiologia, ma anche la sicurezza interiore. Vediamo come fare attraverso la trascrizione di un esercizio eseguito durante una dimostrazione in aula.

****

GIACOMO: Ho bisogno di un volontario che voglia venire a fare questo esercizio. Vuoi venire tu, Antonio? Facciamogli un applauso. Guarda il tuo pubblico. Ti stressa?

ANTONIO: Insomma.

GIACOMO: Osserviamo la sua postura, la sua fisiologia. È abbastanza centrato. Che vuol dire essere centrato? Stare in buon equilibrio, essere stabile, simmetrico. Ti senti abbastanza equilibrato? Probabilmente questo deriva dal fatto che già parli in pubblico. La centratura, quindi, consiste nel focalizzare la propria attenzione sul baricentro del corpo, ovvero nella zona subito sotto l'ombelico. Se focalizzi la tua attenzione sul baricentro del corpo e adotti una postura equilibrata e simmetrica, trasmetti maggiore sicurezza al tuo pubblico. Sei d'accordo, visto che hai già esperienza?

ANTONIO: Certo, sì.

GIACOMO: Benissimo. Pensa, invece, a chi ha una postura un po' sbilanciata, magari sta su un piede e si muove spesso da una parte all'altra per sfogare lo stress che, in qualche modo, deve esternare. Se sei teso devi sfogare la tua tensione in qualche modo. Magari ti muovi, inizi a dondolare, come quelle persone che stanno sedute e muovono il piede in continuazione.

Quindi la postura è fondamentale per trasmettere sicurezza agli altri. Vi trasmette sicurezza? Abbastanza. Sarà che è medico. E poi, cos'altro? Trasmette sicurezza a se stesso. Quando io mi trovo in questa postura, il mio corpo, il mio cervello riconoscono in essa una situazione di sicurezza, quindi io trasmetto sicurezza a me stesso. Ti senti tranquillo?

ANTONIO: Sì.

GIACOMO: Ma non solo. Questo è ciò che riguarda la postura, che già di per sé è legata alla fisiologia e alle emozioni. Ora, porta la tua attenzione sui tuoi pensieri, meglio, immagina di essere nella tua testa. Ora ti spingerò delicatamente. [*Giacomo dà una leggera spinta e lui perde un po' di equilibrio.*] Non ti faccio nulla, mi serve solo per dimostrare che questa leggera pressione ti ha fatto un po' spostare. Perché è accaduto? Perché anche la concentrazione mentale, il focus mentale, influisce sulla fisiologia.

Di questo sono maestri gli orientali e chi fa arti marziali lo sa benissimo. Provate a spostare dalla sua posizione una persona che fa arti marziali, non ci riuscirete neanche spingendola con due mani. In questo caso, invece, pur avendo dato ad Antonio una spinta leggerissima, ha dondolato.

Ora porta l'attenzione nella zona dell'ombelico, immagina di essere centrato all'ombelico e immagina di vedere l'aula da lì. Ora ti darò una seconda spintarella. [*Giacomo dà una spinta più forte ma lui rimane in perfetto equilibrio.*] Mi accorgo che stavolta Antonio è molto più resistente, è molto più forte. Non si è mosso; ho continuato a spingere e lo sento molto più resistente. Antonio, hai avvertito una sensazione di disequilibrio come prima?

ANTONIO: Assolutamente no.

GIACOMO: Quindi sei più resistente.

ANTONIO: Sì, molto più stabile.

GIACOMO: Ha cambiato solo la concentrazione, e considerate che faccio fare questi esercizi a un medico, che tutto sommato conosce le risposte del corpo. Anche lì il potere mentale, il focus mentale, può cambiare la resistenza, l'hai provato su te stesso.

Quindi cosa dovete fare? Quando vi troverete davanti a un pubblico non solo dovrete assumere questa posizione, di cui ora vi darò ulteriori specifiche, ma se, in un dato momento, vi sentirete sopraffatti dallo stress, portate *l'attenzione sul baricentro*. Vi accorgerete di recuperare lucidità, sentirete rinvigorita la vostra forza e la vostra energia tanto che sarete in grado di trasmetterla agli altri, oltre che a voi stessi.

Non è finita, questo è solo uno dei modi. Spesso, per acquisire questa postura si può immaginare di avere un fascio di luce o di energia che dal cielo vi arriva come fosse una retta che vi attraversa passando per la testa e la spina dorsale.

Antonio, immagina proprio che ci sia questo fascio di luce che ti fa stare dritto al massimo. Sentilo dentro, immagina che ti arrivi. Vedete? Non appena ci pensa, subito cambia la respirazione, l'avete notato? Ha fatto un respiro più profondo.

Immagina anche di avere una retta di luce che ti incrocia all'altezza dell'ombelico, per cui le due rette si incrociano esattamente sul baricentro. Cambia il modo di porsi, cambia la voce, è più profonda, perché cambia la respirazione.

Ora, per sentirti ancor più stabile, immagina che dai tuoi piedi si diramino delle radici e che queste sprofondino nella terra in modo da ancorarti saldamente al suolo. Senti di essere assolutamente incollato al terreno poiché le tue radici sono robustissime. Questa è una variante dell'esercizio di centratura denominata **grounding**.

Ora, se lo spingo non si muove, avverto una fortissima resistenza da parte sua. È tutto chiaro? Avete domande da fare a me o ad Antonio? No. In effetti l'esercizio è immediato, facilissimo.

ANTONIO: È tutto vero!

GIACOMO: Grazie, facciamogli un applauso.

****

Queste particolari tecniche vengono insegnate da Bandler in America nell'ambito di un suo corso riservato a chi vuole intraprendere il lavoro di formatore. L'esercizio appena illustrato è detto **di centratura** perché, nel farlo, ti concentri su te stesso, sul tuo baricentro, fissandoti al terreno. È un'aggiunta alla postura e conferisce, a chi la adotta, ancora maggiore stabilità non solo fisica ma anche psicologica; trasmette sicurezza al formatore e, conseguentemente, al suo uditorio.

Al contrario se parlando stessi sbilanciato su un piede, a braccia conserte o adottassi altre posizioni meno armoniche, trasmetteresti insicurezza.

Come accennavo al mio allievo durante la dimostrazione in aula, una valida alternativa all'esercizio di centratura è il **grounding**, ovvero, letteralmente, "andare a terra". In questo caso devi immaginare che lunghe radici spuntino dai tuoi piedi e che penetrino profondamente nel terreno saldandoti ad esso. Sarebbe impossibile spostarti in un tale stato di concentrazione!

Si tratta di strategie utilizzate dagli orientali per la meditazione e le arti marziali. Se provassi a spostarli mentre sono in stato di concentrazione saresti destinato a fallire, non ci riusciresti. È la concentrazione mentale a fare la differenza, non la postura.

Questo è l'esercizio che dovrai fare ora. Parti da una posizione qualsiasi e poi centrati per bene, adottando la postura giusta, ovvero equilibrato e simmetrico, spalle larghe, petto in fuori. Immagina, se ti aiuta, che le rette di luce, o le radici se preferisci, ti mantengano in posizione eretta.

Se stai così, simmetrico, e immagini che ti attraversi una retta di luce, ti viene subito da stirarti, hai proprio la sensazione di stirare la spina dorsale, di allungarti. Sembrerai anche più alto.

SEGRETO n. 4: per ottenere una postura centrata puoi aiutarti immaginando che un fascio di luce ti attraversi o che lunghe radici si diramino dai tuoi piedi saldandoti al terreno.

Abbiamo detto che il corpo deve essere in posizione simmetrica, ma i piedi? Quale postura è meglio adottare? Leggermente aperti a includere le persone che hai di fronte. Quindi, pensa, anche con i piedi puoi trasmettere qualcosa alle persone che hai di fronte. Attraverso i tuoi piedi, quindi attraverso il tuo non verbale, comunicherai qualcosa di importante.

Se posizioni i piedi in maniera asimmetrica, che cosa comunichi? Che stai escludendo una parte dell'aula, perché i tuoi piedi sono entrambi orientati in un'unica direzione. Che cosa succede? Spesso si hanno risposte inconsce. Magari una persona ti fa una domanda che non ti piace e tu tendi ad evitarla, dici: «Va bene, andiamo avanti» e parli più al gruppo che non comprende la persona che ti ha rivolto la domanda.

Una ragazza mia allieva durante un corso di public speaking mi ha obiettato che questa posizione così centrata sembra prettamente maschile. Ebbene, io le ho risposto una cosa di cui sono convintissimo, ovvero che è ottima anche per le donne.

Anzi, direi soprattutto per le donne, perché una donna, forse anche più dell'uomo, nell'immaginario di una platea, soprattutto se composta maggiormente da maschi, non dà l'idea di esser forte come public speaker, come formatore di un gruppo. C'è una visione diversa, una percezione diversa della donna in questo ruolo. A maggior ragione, quindi, una donna che si pianta, si centra ed è ben equilibrata trasmette molta forza alle persone che ha intorno.

Spesso molte ragazze, molte donne, tuttavia, si sentono a disagio nel mantenere una posizione del genere per molto tempo. Ma non bisogna stare con le gambe troppo larghe, basta divaricarle leggermente, più o meno come l'ampiezza delle spalle. Le donne, che hanno le spalle un po' più strette, le terranno più strette.

SEGRETO n. 5: mantenendo la postura centrata ricorda di tenere i piedi leggermente divaricati, come a includere tutto il pubblico.

Però ricorda di stare equilibrato, simmetrico e ben centrato, e pensa che non è solo la postura ma soprattutto l'atteggiamento mentale che conta. Quindi porta il focus, l'attenzione, sul baricentro. Vedrai che in questo modo ti sentirai meglio anche tu.

Ad esempio in molti corsi, fra cui quelli di Anthony Robbins, si fanno delle prove speciali come il **firewalking**, ovvero la camminata sui carboni ardenti. In realtà non è una prova difficile, ma ci si brucia se non si è sufficientemente concentrati, non è soltanto una questione fisiologica.

Molti scettici dicono che si cammina tanto velocemente che il piede non fa in tempo a bruciarsi, anche perché, al contatto con le braci, sulla pianta del piede si crea una patina protettiva. Va bene, ci saranno mille spiegazioni scientifiche e certo la più ovvia è che il carbone non trasmette il calore come il metallo. Se facessi la camminata sul metallo rovente, infatti, il piede si ustionerebbe in un istante!

Io, che l'ho fatta due volte, devo dirti che la prima mi sono bruciato proprio perché non ero abbastanza concentrato. Avevo seguito perfettamente le istruzioni, avevo eseguito tutto l'esercizio a puntino e ho fatto un errore proprio negli ultimi metri. Devi sapere che bisogna partire urlando: «Ghiaccio, ghiaccio, ghiaccio!» proprio per allontanare il proprio focus mentale dalla sensazione del calore. Sull'ultimo metro mi sono detto: «Che bello, non brucia davvero!» Ebbene, nel momento in cui ho pensato alla parola "bruciare" ho avvertito una sensazione di fortissimo calore e di dolore.

Questo perché? È una magia che il focus mentale abbia il potere di non far ustionare chi fa il firewalking? Non lo so. Probabilmente la spiegazione più realistica è che l'essermi concentrato sul bruciare mi ha fatto esitare e in quella crepa si è insinuata la sensazione fisica del bruciore. Fatto sta che nel momento in cui ho perso la concentrazione mi sono bruciato, mentre non è successo nel momento in cui ero concentratissimo. Al di là di quello che dicono gli altri, io l'ho provato su me stesso ed è andata bene.

SEGRETO n. 6: la posizione centrata ti aiuta a mantenere il tuo focus mentale, ovvero la tua concentrazione.

Quindi portare il focus mentale sull'ombelico ti aiuta a tenerti in equilibrio e a trasmettere equilibrio agli altri, e vale sia per gli uomini che per le donne. Anthony Robbins è il primo ad assumere una posizione centrata, ben piantato a terra, perché, avendo diecimila persone di fronte, deve trasmettere davvero tanta sicurezza, moltissima energia ai suoi allievi, quindi deve averne perlomeno altrettanta.

Per cui non puoi permetterti di avere un atteggiamento dimesso, di parlare a voce bassa o di stare seduto, perché fare un corso di motivazione assumendo un atteggiamento del genere, ad esempio, non sarebbe del tutto congruente. Ricorda che parlando di motivazione ci vuole congruenza.

Se parli di motivazione, e poi te ne stai a braccia conserte e seduto con un'espressione assorta, trasmetti demotivazione con tutto il tuo non verbale, in pieno contrasto con quanto stai trasmettendo con il verbale. Al contrario, i due aspetti devono essere congruenti, devi trasmettere sicurezza sia con il verbale che con il non verbale, assumere una posizione ben centrata, con i piedi rivolti ad accogliere tutti, adottare una certa gestualità, utilizzare lo sguardo in un dato modo, come vedremo più avanti.

Un mio allievo mi chiedeva se si trasmette sicurezza nel guardare negli occhi le persone. Certo. Anzi, ti dirò di più, nel parlare in pubblico è necessario guardare negli occhi chi ti ascolta. Vedremo che non è essenziale guardare ognuno, soprattutto se hai un uditorio molto folto. Perché ognuno si senta coinvolto è sufficiente guardare per qualche istante tutti i settori di cui è composto il tuo pubblico.

Ora hai due minuti per ripetere l'esercizio fatto durante il corso. Fai il primo test portando la concentrazione sulla testa, sui tuoi pensieri e poi fatti dare una leggera spintarella. Nel secondo test il tuo partner può spingere anche con due mani, tanto non ti sposterai. Buon lavoro!

SEGRETO n. 7: parlando in pubblico è essenziale mantenerti centrato anche per avere un atteggiamento sicuro e congruente con ciò che dici.

Bene, hai fatto l'esercizio e hai provato su te stesso come funziona. Perché la cosa più importante della PNL è il fatto che non si tratta di una teoria o di una scienza, se non quando viene definita come scienza dell'eccellenza. In realtà si fonda sulla pratica. La PNL è un qualcosa che è stato appreso, che è stato scoperto studiando le persone che eccellono in qualsiasi settore, che sia il formare un gruppo di persone, la leadership, la comunicazione o la terapia.

Sono stati individuati ed estratti gli strumenti inconsciamente utilizzati da coloro che eccellevano nei vari campi e sono stati poi studiati, replicati e distribuiti a chiunque per raggiungere gli stessi risultati o, comunque, risultati di eccellenza. Quindi, se vuoi diventare un grande public speaker, studia le tecniche dei migliori public speaker e provale su di te. L'importante è che le sperimenti su te stesso.

Perché io, durante un mio corso di public speaking, potrei fare una dimostrazione con un mio complice, un mio compare mischiato fra gli allievi. Dirà sì e no solo quando lo dico io, e questo non funziona produce risultati. Invece è importante che ognuno lo provi su se stesso e verifichi come funziona la cosa, come funziona per lui.

Ci può essere chi, portando l'attenzione sul baricentro, prova tantissima differenza e chi, invece, meno. Può verificarsi, le reazioni sono molto soggettive; l'importante è che tu sappia che si tratta di uno strumento che per molti funziona e che, quindi, può essere valido anche per te; provalo.

Centratura; questa è la posizione giusta, ma quali sono gli errori possibili? Che ti metta in posizione asimmetrica può succedere in un corso di una giornata o più, non puoi e non devi sempre stare impalato. Lo fai quando, magari, vuoi trasmettere concetti di particolare importanza. Anch'io mi comporto così. Magari sto parlando in pubblico, mi faccio la mia camminata e a un certo punto dico: «Ci sono tre pilastri importanti, il primo è questo». Siccome il pilastro è uno dei punti più importanti di ogni corso, mi fermo, mi metto in posizione e lo trasmetto.

Quindi non devi stare sempre fermo e centrato! Come dicevo, Robbins è il primo che usa la posizione centrata per trasmettere sicurezza ma è anche il primo che è sempre in movimento per trasmettere ai suoi allievi la propria energia. Quindi, in generale, la posizione di equilibrio trasmette più sicurezza agli altri e a noi stessi. Nel momento in cui sei asimmetrico non trasmetti un granché.

Ti trovi ad avere l'intralcio delle **mani**. Che te ne fai? Molte persone scelgono di incrociarle dietro la schiena; se lo fai, però, cosa trasmetti? Che stai sprecando il loro potenziale, perché nella comunicazione le mani sono importanti. Grazie ad esse puoi sottolineare un messaggio o descrivere qualcosa. Quindi tenerle bloccate dietro la schiena è, più che un rischio, uno spreco.

Stessa cosa tenerle davanti, con posizione cosiddetta a "foglia di fico". Ti copri come se avessi paura e, in effetti, hai paura perché senti minacciata la tua autostima. Una buona posizione è tenerle *incrociate all'altezza dell'ombelico*, quasi a ricordarti che il tuo baricentro è lì.

Questo è stato il primo modo in cui mi hanno insegnato a tenere le mani. Molti formatori partono così, l'importante è che sia solo la partenza, perché se il formatore è nervoso a un certo punto inizia a lisciarsi continuamente le mani e finisce il discorso con le mani rosse e le dita spaccate, poiché è lì che scarica la tensione.

Per cui, se sei una persona molto tesa, evita questa posizione o stacca le mani dopo dieci secondi e gesticola. Come? Non c'è un modo specifico di farlo. Magari inizialmente sarai agitato, poi ti verrà naturale seguire, con determinati gesti, alcune parole o concetti particolarmente importanti.

Quindi non c'è una gestualità precisa. Però fai attenzione quando, con il movimento delle mani, ti trovi a scaricare date parole su alcuni componenti del tuo pubblico. Ad esempio, se dici: «Ho un pubblico fantastico», nel dirlo porta le mani verso il tuo uditorio, in modo da scaricar loro la parola «fantastico». Se dici: «Ci sono dei formatori molto speciali», nel farlo porta le mani verso di te per attribuirti l'appellativo di "formatore molto speciale".

Se per caso devi parlar male di qualcosa o dire una parola sgradevole, stai attento a non scaricarla sul pubblico. Se dici che ci sono delle persone incompetenti, indica con il braccio in direzione lontana da quella del pubblico ed esternamente a te. Si parla di gesti inclusivi quando includi, cioè quando indichi qualcuno o te in particolare, ed esclusivi quando butti via, scarichi lontano da altri o da te stesso ciò di cui parli, escludendo un qualcosa di negativo.

Si può fare la stessa cosa con le lavagne che usi in aula. Puoi associare qualcosa alle lavagne, indicandole. Magari stai dicendo: «Qui c'è scritto questo…». Puoi farlo anche servendoti soli dei gesti; funziona!

Quando voglio che i miei allievi di corso alzino la mano in risposta a una mia domanda, sono io il primo a farlo. Non perché partecipi al sondaggio, ma perché voglio che si sentano stimolati ad alzare la mano. Il mio gesto serve a portare risposte: se lo faccio io, lo faranno anche loro.

Spesso non serve neanche che chieda che alzino la mano, normalmente lo dico la prima volta per far capire come si risponde a una domanda in aula, già il solo gesto di farlo implica ciò che bisogna fare. Ecco perché è più importante quello che si fa piuttosto che quello che si dice. Il cervello, infatti, è più sintonizzato sul come, sulla comunicazione non verbale che non su tutto il resto.

Quindi, se non sai che fare delle mani, inizia a parlare tenendole strette l'una all'altra o libere lungo i fianchi e poi lasciale andare.

SEGRETO n. 8: le mani, per un formatore, possono essere un efficace aiuto al fine della trasmissione del proprio messaggio.

Ora tocca a te sperimentare la postura di cui ti ho parlato, la centratura. Cosa dovrai fare? Crea un piccolo pubblico di amici, presentati, l'argomento è facile: devi parlare di te stesso. Chi sei, cosa fai, da dove vieni e cosa ti appassiona.

Centrati e respira, perché spesso le persone non respirano quando sono nervose e vanno in apnea. Ecco perché parlano veloci quando si presentano, perché non stanno respirando. Invece tu fai un bel respiro e inizia: «Salve, mi chiamo Giacomo Bruno e vengo da Roma...».

I miei allievi di corso, quando fanno questo tipo di prova, oltre a concentrarsi su loro stessi e il proprio turbine di emozioni, notano l'atteggiamento degli altri quando vengono a parlare. Il bello di un corso, infatti, è anche la possibilità di poter imparare osservando gli errori o i successi degli altri.

Proprio nel contesto del corso ho notato che alcune ragazze assumevano con disinvoltura la posizione centrata e che questa conferiva loro maggiore autorità e sicurezza. Questo dimostra come la postura che ho consigliato sia molto valida anche per le donne.

Altre, invece, non erano molto centrate, si ponevano nella postura classica assunta da molte donne, asimmetrica, con un piede più avanti. Molte di loro, che portano i tacchi, non fanno che tamburellare sul pavimento. Cosa trasmettono? Nulla che non va, solo che spostano l'attenzione sulla posizione asimmetrica o sul movimento del piede o deconcentrano il pubblico rispetto al messaggio. Altre stanno molto strette, quasi sull'attenti.

Non avere paura, ma dato che con questa posizione squilibrata trasmetti incertezza agli altri e a te stesso, fai attenzione, perché essere sicuri e centrati è la base per parlare in pubblico con efficacia e senza stress.

Ho seguito vari corsi di public speaking come studente, durante i quali, di regola, il formatore partiva dalla spiegazione della struttura del messaggio e parlava del formatore solo come ultimo dato. Però secondo me questa impostazione non aveva senso, infatti prima di decidere il tipo di messaggio da trasmettere, il tipo di pubblico che si vuole avere e prima di scegliere il tipo di rapporto da avere con il proprio pubblico, è necessario essere un buon public speaker, un buon formatore. Non ha senso, per un allievo, seguire un corso intero, durante il quale continua ad avere paura di parlare in pubblico, prima di capire come gestire il proprio stato emotivo e come non essere stressato.

Quindi è fondamentale iniziare il corso parlando della postura, che è veramente un qualcosa di potente, tanto che nel mio caso ha cambiato totalmente il modo di pormi. Infatti, da quando ho scoperto la validità della postura centrata per parlare in pubblico, la porto sempre con me; la uso anche nel coaching one to one e persino al di fuori dei corsi. Quando espongo qualcosa che ritengo importante la adotto, perché so che in questo modo trasmetto con efficacia il concetto e lo sottolineo con tutto me stesso.

Quindi puoi camminare, puoi muoverti, se il tuo pubblico è disposto a platea puoi andare a destra e a sinistra tranquillamente. L'importante è che nel momento in cui stai per esporre un concetto particolarmente importante ti fermi, lo sottolinei con il corpo, con i gesti o come vuoi. Così facendo trasmetterai alle persone che hai di fronte che ciò che stai dicendo è talmente importante da smettere di camminare e fermarsi.

Molti corsi, ad esempio, si svolgono con gli studenti disposti a U, ovvero a ferro di cavallo. In questo caso puoi entrare nel ferro di cavallo e fare avanti e indietro tranquillamente. L'importante è continuare a tenere il contatto con tutti per restare in sintonia con il pubblico in ogni occasione, e vedremo come, ma la postura è sempre il dato di base da tenere presente.

Nel caso tu non possa stare in piedi perché, magari, sei a una riunione che si svolge attorno a un tavolo o a una conferenza, e hai un leggio di fronte, come devi comportarti?

Chi ha fatto il corso di comunicazione sa che l'efficacia di un discorso è determinata per il 55 per cento dal non verbale, che riguarda il modo di gesticolare, di muoversi e la postura che si adotta. Per cui, se sei seduto e, magari, hai di fronte un leggio, purtroppo hai già perso il 55 per cento delle tue possibilità comunicative.

Se puoi scegliere, alzati e centrati. Se sei obbligato a star fermo, cosa che può capitare, fai del tuo meglio, se non altro utilizza la gestualità. Con le braccia, che emergono dal tavolino, sottolinea con i gesti le parole più importanti del tuo discorso, così, almeno, sfrutti la percentuale di potenzialità comunicativa che altrimenti perderesti.

Un mio allievo, tempo fa, mi ha domandato se questa postura vada mantenuta anche quando occorre rispondere a una domanda, un'obiezione o altro. Si chiedeva, inoltre, se fosse lecito interrompere per un attimo la tenuta della postura e avvicinarsi alla persona che fa la domanda, per poi tornare indietro e riaprirsi al pubblico.

Ti dico che non solo è lecito ma quasi obbligatorio, nel senso che l'avvicinarsi a qualcuno che ti interpella dal pubblico è un ottimo modo per trasmettere interesse nei confronti di quella persona. Quando qualcuno ti fa un'obiezione o ha una domanda da porti è buona norma avvicinarsi, o, almeno, adeguare la propria postura per far capire che ti interessa ciò che ti sta dicendo e, ovviamente, ci deve essere sincero interesse dietro, altrimenti il tuo atteggiamento risulterebbe falso.

Quindi ascoltare la domanda o l'obiezione che sia, e poi, nel rispondere, rivolgersi a tutti. Questo è importante proprio per non rimanere fissato su una singola domanda e non iniziare un dibattito a due. Anzi, proprio perché l'argomento deve essere in tema, la risposta può essere interessante per tutti.

Per cui, a maggior ragione, rispondi, poi torni indietro e di nuovo abbracci con lo sguardo l'intero tuo pubblico.

SEGRETO n. 9: per rispondere a una domanda che ti viene rivolta da una persona del pubblico è doveroso abbandonare la postura centrata per avvicinarti a lei, in quanto è segno di interesse nei suoi confronti.

RIEPILOGO DEL GIORNO 1:

- SEGRETO n. 1: la capacità di parlare in pubblico può essere un talento naturale ma è anche un'abilità che si può acquisire e il modo migliore per riuscirci consiste nel fare pratica.

- SEGRETO n. 2: la paura di parlare in pubblico si acquisisce con gli anni, tant'è vero che i bambini non sanno cosa sia e non si tirano mai indietro se c'è da parlare e giocare.

- SEGRETO n. 3: se vuoi parlare in pubblico devi avere qualcosa di speciale da dire, perciò trova "la differenza che fa la differenza" nel contenuto del tuo messaggio.

- SEGRETO n. 4: per ottenere una postura centrata puoi aiutarti immaginando che un fascio di luce ti attraversi o che lunghe radici si diramino dai tuoi piedi saldandoti al terreno.

- SEGRETO n. 5: mantenendo la postura centrata ricorda di tenere i piedi leggermente divaricati, come a includere tutto il pubblico.

- SEGRETO n. 6: la posizione centrata ti aiuta a mantenere il tuo focus mentale, ovvero la tua concentrazione.

- SEGRETO n. 7: parlando in pubblico è essenziale mantenerti centrato anche per avere un atteggiamento sicuro e congruente con ciò che dici.

- SEGRETO n. 8: le mani, per un formatore, possono essere un efficace aiuto al fine della trasmissione del proprio messaggio.
- SEGRETO n. 9: per rispondere a una domanda che ti viene rivolta da una persona del pubblico è doveroso abbandonare la postura centrata per avvicinarti a lei, in quanto è segno di interesse nei suoi confronti.

GIORNO 2:

Come Coinvolgere il Pubblico

In molti libri, in molti corsi sul public speaking si guarda il pubblico da un punto di vista culturale, ci si chiede che target abbia, a chi sia riferito il messaggio.

Sono tutte cose importanti, però in PNL noi sottolineiamo qualcosa di ancora più importante. Indipendentemente da chi hai di fronte, devi entrare in **sintonia** con le persone alle quali ti rivolgi.

Puoi avere un pubblico dal target assolutamente sbagliato rispetto a ciò che stai dicendo, o rivolgerti a persone che non sono interessate né a te né al tuo argomento. Come ricorderai, ti ho fatto l'esempio dell'azienda e dei medici, situazioni in cui ci possono essere rivalità, problemi, un'autorità non riconosciuta, qualsiasi cosa.

Ora, finché sei tu a organizzare un corso, è chiaro che cercherai di destinarlo a un target preciso, ma in mille altre occasioni non potrai farlo. Se ti trovi a una riunione con dei compagni di lavoro non puoi stabilire un target, perché sono loro il tuo uditorio e non puoi far altro che adeguarti alla situazione e fronteggiarla al meglio delle tue possibilità.

Quindi la possibilità di entrare in rapport con loro sarà rimessa alla tua abilità di esperto di PNL. Vediamo su quali livelli e in che modo. Rapport prima di tutto. Il segreto è entrare in sintonia con le persone. Come fare? Semplicemente usando lo stesso loro modo di comunicare.

Il presupposto di partenza è che la comunicazione è soggettiva, ognuno si esprime in maniera diversa, per cui sta a te, in qualità di formatore, adeguarti al modo di essere del tuo pubblico. Puoi conformarti al livello culturale delle persone che lo compongono, agire nel loro stesso modo e fare un buon setup.

Per quanto concerne la comunicazione, vuol dire, magari, assumere la stessa postura, la stessa fisiologia di chi hai di fronte.

Quando ti trovi con una persona singola, magari per un coaching one to one, per entrare in rapporto con lui/lei, dovrai assumere la stessa sua posizione. Se è seduta, siedi anche tu.

Quando incontri un bambino, se vuoi parlargli, qual è la prima cosa che fai? Ti abbassi, ti metti alla sua altezza. Con questo atteggiamento, inconsapevolmente, vuoi comunicargli sintonia, vuoi dirgli che lo capisci, che sei al suo livello.

Puoi farlo anche osservando il tipo di postura che adotta la persona che hai di fronte, la sua gestualità. Se non gesticola per niente mentre tu lo fai in continuazione, è chiaro che non siete in sintonia.

Se osservi alcune persone sedute vicine ti accorgi che adottano inconsapevolmente la stessa postura, chi con le gambe accavallate, chi tutte e due indietro, chi in avanti. Questa sintonia, infatti, è già inconscia, già esistente, non l'abbiamo inventata in PNL ma l'abbiamo scoperta.

Bandler ha osservato che le persone che si rispecchiano, che sono in sintonia, hanno un identico modo di comunicare, un non verbale e anche un verbale simile. Quindi proviamo a fare la stessa cosa, adottiamo un metodo di comunicazione simile a quello del nostro pubblico ed entriamo in sintonia.

Un mio allievo mi ha chiesto se questa sintonia può essere solamente iniziale o se bisogna mantenerla per tutta la durata del proprio discorso. Gli ho risposto che, volendo creare sintonia nei confronti di una sola persona, si può usare il ricalco rispecchiando la sua comunicazione verbale e non verbale. Dopodiché la si può guidare a sé, al proprio modo di comunicare, affinché la sintonia sia perfetta.

Per spiegare il ricalco e la guida, nel corso di comunicazione, adotto una metafora, quella del fiume. Poniamo che io sia su una sponda del fiume e che dica a mia moglie che è sull'altra: «Guarda, sulla mia sponda c'è un giardino bellissimo, vieni a vedere». Lei mi risponde: «No, vieni tu dalla mia parte, che è il mio giardino a essere bellissimo». Se ognuno continua a rimanere della sua opinione non si finisce più e si litiga.

Ricalcare, invece, significa dirle: «Va bene, faccio io un passo verso di te, vengo nel tuo mondo. È vero, il tuo giardino è molto bello». Dopodiché prendo mia moglie per mano e la guido verso la mia sponda affinché veda il mio giardino: «Guarda, anche il mio giardino è bello» e lei sarà la prima a dire: «Sì, anche il tuo giardino è molto bello», perché le ho dato comprensione per primo. Da leader della comunicazione, da formatore, sono quello che deve fare il primo passo, vado io per primo. Quindi, ricalco e guida.

Come funziona, però, il ricalco su un pubblico? Su una persona è evidente, è di fronte a te, rispecchi i suoi movimenti, la sua gestualità, le sue parole; ma quando hai tante persone davanti come fai? Ebbene, hai tanti modi per agire.

Primo fra tutti, stimolando nel tuo pubblico, a livello di comunicazione verbale, di ciò che dici, l'utilizzo dei tre sistemi rappresentazionali, ovvero il visivo, l'auditivo e il cinestesico.

Parlare in termini visivi significa usare espressioni come: «È **chiaro**», oppure «Avete un futuro **brillante** davanti». In termini auditivi: «Vi **suona** bene questo concetto?» Ancora, in termini cinestesici: «Avete **afferrato** questo concetto?» dove il termine afferrare fa riferimento alle sensazioni.

L'uso di tutti e tre i sistemi rappresentazionali nel tuo parlare permette di coinvolgere il più alto numero di componenti del tuo pubblico. Perché nel momento in cui ti esprimi con termini maggiormente visivi coinvolgi più efficacemente alcune persone, con gli auditivi altre, con i cinestesici altre ancora.

L'uso di un linguaggio misto quindi, il più variegato possibile, è una strategia efficace da mettere in atto. L'errore di molti public speaker, invece, è di usare solo il proprio. Se tu sei molto visivo, e usi solo parole visive, coinvolgerai solo i visivi ma non gli altri, o meno gli altri.

Ricorda che si tratta sempre e comunque di una generalizzazione, non esistono persone solo visive, solo auditive o solo cinestesiche. Però ognuno di noi ha una componente più o meno sviluppata, a seconda della propria sensibilità, del momento e del contesto in cui ci troviamo.

Senza addentrarci troppo nel discorso, è sufficiente capire che è necessario tu sia il più generale, vago e multisensoriale possibile, in modo tale da coinvolgere la maggior parte dell'uditorio.

È buona norma anche modulare il tono di voce, perché anch'esso fa riferimento ai sistemi rappresentazionali. Il visivo, ad esempio, parla molto velocemente; il cinestesico invece va per sensazioni, quindi parla molto lentamente, le deve gustare per potertene parlare. Quindi un public speaker che si rispetti alterna molto il tono di voce, proprio per rendere meno monotona la giornata.

Va bene modulare molto la voce ma è anche importantissimo fare delle pause poiché hanno il potere di attirare l'attenzione, quindi sono uno strumento molto importante. Il segreto è variegare il più possibile il tuo parlato, sia nel modo di esprimere i concetti sia nel timbro di voce che usi. Perché hai di fronte dieci, venti, mille persone tutte diverse e quindi devi diversificarti ed essere il più possibile flessibile con tutti. Quindi questo è il modo di ricalcare un pubblico a livello di comunicazione.

SEGRETO n. 10: per coinvolgere una quota più ampia possibile del tuo pubblico, composto da persone diverse l'una dall'altra, è necessario tu sia il più generale, vago e multisensoriale possibile.

Passiamo ora al ricalco di tipo culturale, che vuol dire? Ti faccio un esempio. Se tengo un corso di lettura rapida a dei bimbi che vanno a scuola non mi presento certo in giacca e cravatta, perché mi vedrebbero troppo distante da loro. E dato che la cosa che a me interessa è entrare in sintonia con chi mi ascolta, in questo caso con loro, magari mi metto in jeans e camicia.

Se devo andare a fare un corso in aula a un pubblico misto metto la giacca ma evito la cravatta, se devo andare in azienda o faccio corsi ai medici magari indosso anche la cravatta. Quindi, anche sotto questo aspetto, cerco di adeguarmi un po' al contesto e alle persone che ho di fronte. A me, ad esempio, essendomi formato in gran parte su testi inglesi e seguendo corsi in lingua inglese, viene da esprimermi con inglesismi, però mi limito, perché sono di fronte a un pubblico italiano.

Oppure se sono di fronte a un pubblico eterogeneo, composto da persone che già conoscono la PNL e persone che non ne hanno mai sentito parlare, parto con un'introduzione generica per portare queste ultime allo stesso livello del resto della classe.

SEGRETO n. 11: per attuare un ricalco culturale sul tuo pubblico devi adeguarti al contesto e alle persone che hai di fronte.

Ancora, si può ricalcare un pubblico a livello di azioni. Questo aspetto ha a che fare con il non verbale, e qui Anthony Robbins, che, come sai, ogni volta si trova a dover coinvolgere un pubblico di diecimila persone, ha molto da insegnare. Per tutta la durata del corso fa fare delle azioni ai suoi allievi. Dopo aver raccontato a lungo storie e aneddoti, a un certo punto dice: «Tutti in piedi» e diecimila persone si alzano in piedi!

Oltre ad avere un fortissimo effetto su ogni partecipante, che si sente parte di un tutto, dimostra che c'è un rapport tra il public speaker e il suo pubblico, perché se diecimila persone fanno contemporaneamente ciò che chiedi, vuol dire che ti stanno seguendo molto bene.

Allo stesso modo, nel momento in cui faccio fare qualcosa ai miei allievi, fosse anche solo alzare la mano, li sto tenendo con me, siamo sullo stesso piano. Per cui chiedere a qualcuno di fare qualcosa e avere una risposta positiva significa avere rapport, sintonia con quella persona.

Se, ad esempio, dico ai miei allievi: «Questo è un dato molto importante, scrivetelo: il primo pilastro del public speaking è il formatore» e tutti scrivono, vuol dire che siamo in sintonia. Sembra quasi di essere a scuola, la maestra fa il dettato e gli alunni scrivono. Può apparire ridicolo tra adulti, però, quando si è in una situazione di sintonia, funziona così.

Far fare cose al proprio pubblico, far domande e ricevere risposte, vuol dire aver creato sintonia. Le domande possono essere anche banali, come questa: «Chi di voi è già stato ai miei corsi?» Io so benissimo chi di loro ha già partecipato e chi no, perché lo chiedo allora? Per renderli partecipi e far capire agli uni e agli altri che fanno tutti parte di un unico gruppo, quindi per integrare anche le persone che non sono mai venute prima e che si potrebbero sentire sole.

Creare gruppo è qualcosa che serve a ciascun elemento del pubblico per non sentirsi solo o diverso dagli altri.

È chiaro che se so che c'è una sola persona nuova in un corso non faccio questa domanda, perché altrimenti la faccio sentire emarginata, non a suo agio: «Cavolo, tutti hanno già partecipato almeno qualche volta mentre io sono l'unico a non esser mai intervenuto!» Quello che mi interessa è che ognuno dei miei allievi si senta a suo agio, sia che siano dieci persone, sia che siano cento. Così si fa ricalco sulle azioni.

Quando sono in azienda e ho cento dipendenti davanti a me faccio fare azioni tutti insieme. Dico: «Allora adesso tutti insieme facciamo questo esercizio sulla fisiologia» e li coinvolgo nella prova.

È importantissimo, a questo proposito, fare un buon **setup**. Cos'è il setup? Il ricalcare le persone sui loro pensieri, fare una sorta di lettura del pensiero. Nulla di esoterico. Significa saper leggere le idee di chi ti è di fronte in un pubblico e anticiparle, così da bruciare le convinzioni negative sul nascere.

Questo è, nell'ambito di una comunicazione, uno degli aspetti più importanti, anzi direi fondamentale, e i grandi comunicatori lo sanno fare molto bene. Cosa succede se un formatore non se ne cura e fa finta di nulla? Che perde l'attenzione del suo pubblico.

Ti faccio un esempio pratico, riguardante una giornata di corso tenuta nel mese di giugno di qualche anno fa. Per tutta la mattina c'era stato un sole bellissimo e battente, nel primo pomeriggio sono arrivate le nuvole ed è iniziato a piovere. A quel punto tutti i miei allievi hanno iniziato a guardare costernati fuori dalla finestra e a parlottare tra loro, dicendo: «Guarda come piove, oddio!»

Io potevo seguire due strade, far finta di nulla e andare avanti con il mio discorso o cercare di entrare in sintonia con loro, recuperandoli. Nel primo caso li avrei persi, io avrei continuato a parlare e loro a guardare fuori dalla finestra commentando la pioggia. Ovviamente ho scelto di cercare il rapport con loro. Dovevo catturare i loro pensieri e riportarli a me, quindi ho detto: «Cavolo come piove fuori! Ed è proprio per questo che continuiamo la nostra lezione».

Se ci pensi, non c'è alcun nesso logico tra il fatto che fuori piova e che io scelga di continuare a spiegare. La cosa importante è il ricalco da me attuato su di loro. È come se avessi detto: «Sì, anch'io mi rendo conto che fuori piove, siamo di nuovo sullo stesso piano, quindi continuiamo la lezione». Così li ho guidati a essere di nuovo attenti, mentre se avessi fatto finta di nulla li avrei persi, pure se solo per cinque minuti, e non deve succedere o, almeno, io non voglio che nella mia aula succeda.

Potrei farti molti esempi di questo genere. In particolare è calzante anche quello che ti ho già ricordato, dei dipendenti d'azienda o dei medici che devono seguire un corso di formazione per imparare a comunicare meglio, non scelto da loro ma voluto da altri.

Dire per primo ciò che possono pensare in quell'occasione il medico o il dipendente di un'azienda fa sì che poi non lo pensino, perché si sentono compresi. In questo modo li recupero. Dico: «So che vi sentite così, così e così e, quindi, andiamo avanti».

Alcuni miei allievi obiettano che per fare un setup di questo tipo occorre conoscere le persone che si hanno di fronte. È vero in parte, non sempre è così. Certo, se conosci le persone parti con un vantaggio, perché puoi lavorare più in profondità sui loro pensieri. Ma a volte è sufficiente rendersi conto della situazione per carpire i pensieri del tuo pubblico e le obiezioni che ti può muovere anche inconsciamente.

Nel caso dei dipendenti d'azienda, io facevo lezione nel fine settimana e sapevo che non erano lì per scelta, quindi una delle obiezioni più ovvie che potevano muovermi riguardava il fatto che sicuramente non avrebbero voluto esser lì con me quanto, piuttosto, al mare con la famiglia.

Ti faccio un altro esempio. Poniamo che io tenga un corso di public speaking e mi trovi di fronte un pubblico prevalentemente nuovo, e comunque al primo approccio con la materia. Nel mio discorso introduttivo premetto che faremo tanti esercizi pratici. Perché lo faccio? Perché se non lo anticipassi, nel momento in cui avessi proposto: «Adesso facciamo un esercizio», qualcuno avrebbe potuto dirmi: «No, perché esercizi? Parla tu, sei tu il formatore, non io!»

Te lo dico perché mi è capitato di vedermi sollevare un'obiezione del genere durante un corso banalissimo, un'introduzione alla PNL. Partecipavano molte persone che partivano da zero, non sapevano nulla di esercizi, non avevano mai fatto corsi. Avevo detto, sì, che si trattava di un corso prevalentemente pratico, ma non avevo detto specificamente che si sarebbero fatti esercizi.

Alla prima proposta di esercizio che feci una persona alzò la mano e disse: «Perché devo farlo?» A me sembrava una domanda banale, per cui risposi: «È ovvio, siamo a un corso, la PNL è pratica e facciamo un esercizio». Però, magari, quella persona pensava di partecipare a una sorta di conferenza in cui il formatore si limitava a parlare trasmettendo delle idee, non si aspettava di dover agire ed interagire con i colleghi di corso.

Di chi è la colpa? sua che non aveva capito? No, è del formatore che non ha anticipato tutto, non ha spiegato bene il funzionamento del corso. Può capitare.

Se dimentichi di dire qualcosa, perché la fai ormai da tempo e la ritieni scontata, stai certo che qualcuno del tuo pubblico ti farà una domanda in proposito. Se, in un mio corso, non dico prima di iniziare: «Le domande si fanno a fine spiegazione, per cortesia non interrompetemi», ci sarà qualcuno che interverrà mentre espongo l'argomento.

Se hai davanti persone particolarmente rigide, come ti puoi comportare? Nella formazione, nel public speaking, questi soggetti vengono definiti **seminar killer**, i killer del seminario. Sono persone molto chiuse nelle proprie idee o che vengono solo per infastidirti e rovinarti il corso perché, magari, gli sei antipatico.

Si creano, in questo caso, un po' tutte le situazioni che ti ho descritto poco fa e che possono capitare quando si fa formazione a un gruppo. A me non è mai capitato di averne uno in aula e sono anni che faccio corsi, ma non è mai capitato perché sono io che non l'ho fatto capitare.

Le persone che vengono ai miei corsi, infatti, sono le stesse che partecipano ai corsi dei miei colleghi, creando loro, in alcuni casi, dei problemi. Gli altri formatori mi avvisano: «Dovesse capitarti questa persona in aula stai attento, è un seminar killer». Poi quella persona viene a un mio corso ed è tranquillissima, perché? Semplice, faccio prima di tutto un buon setup.

Ci sono poi dei corsi che meritano un lunghissimo setup. Quello aziendale è un esempio classico ma potrei fartene molti altri. In alcuni corsi di motivazione, ad esempio, alcune persone vengono perché spinte da altre. Alcune sono realmente convinte di poter apprendere qualcosa di buono dal corso, altre sono venute per non sentire più le insistenze dell'amico/a.

Io parlo con gli allievi prima del corso, così mi rendo conto di chi è venuto di sua volontà e chi costretto. Quindi, prima di iniziare a parlare, faccio subito un buon setup e chiedo: «Chi è qui per propria scelta? Chi di voi non lo è?» In questo modo estraggo l'obiezione, la faccio esprimere. Preferisco saperlo da subito, soprattutto in corsi composti da grandi numeri di persone.

Magari dopo due ore di corso, nelle quali ho impostato un buon setup, ho creato rapport, rifaccio la domanda in un altro modo, chiedo: «Quanti non vorrebbero essere qui?» se nessuno alza la mano vuol dire che ho recuperato tutti. Se c'è ancora qualcuno incerto continuo a parlare, rifarò il test più tardi certo di riuscire, alla fine, a coinvolgere tutto il mio pubblico.

Quindi c'è una via di uscita anche nei casi più disperati di seminar killer. Tra l'altro questa è un'etichetta che si attribuisce a qualcuno e la PNL, in generale, non ama affatto le etichette. Etichettando le persone, infatti, facciamo un errore, non siamo più così flessibili con chi abbiamo di fronte, per cui perdiamo rapport, perdiamo sintonia.

Se ti convinci che una persona è venuta al corso solo per darti fastidio smetterai di darle attenzione, non la guarderai negli occhi e perderai la possibilità di creare rapport con lei. Pian piano la escluderai o le risponderai male e non le darai più la stessa attenzione che dai agli altri. Magari quella persona non aveva assolutamente intenzione di crearti problemi, ma tu, con la tua convinzione e il tuo conseguente comportamento, la porterai a far sì che ti intralci.

Con questo voglio dirti che se ti convinci che ci sono dei seminar killer nascosti fra il pubblico, li creerai con le tue mani. Se invece, come me, ti convinci che non esistono e che le persone sono semplicemente diverse, e quindi hanno esigenze diverse, bisogni diversi, le accontenterai tutte, sarai flessibile e te la caverai benissimo facendo un buon setup. Con un buon setup, magari, riesci a recuperare interi gruppi di persone che non vorrebbero essere lì, che non sono motivate e così via. È molto importante che tu lo faccia.

Molte persone definiscono "seminar-killer" coloro che fanno molte domande. Sono stati scritti interi libri su figure come quella del "domandologo", ovvero colui che fa troppe domande, o il "logorroico", ovvero colui che parla troppo. Se ti concentri sul tuo pubblico puoi individuare questi tipi di persone, perché ci sarà sempre qualcuno che fa più domande o parla di più, anche a sproposito.

E cosa succede? Che li metti a tacere scherzando e vedrai che non disturberanno più, si faranno una risata, tutto il pubblico si farà una risata e tutto andrà a posto.

Mi è successo di avere, a un mio corso, un allievo che faceva un mucchio di domande, così ho detto, ancor prima di iniziare il corso: «Vediamo che domande ci farà oggi questa persona!» Ebbene, questa persona ne ha fatte di meno già solo per questo setup, anche perché non appena faceva una domanda, gli altri la guardavano.

Ecco, l'importante è aver creato un buon rapporto con le persone, così che non ci sia nulla di male a scherzarci sopra, ad anticipare un'obiezione. In ogni caso dipende dal contesto, infatti in alcuni ambiti molto seri non puoi permetterti di scherzare troppo. Ad ogni modo, molto semplicemente, è meglio scherzare che arrabbiarsi.

Posso testimoniare che se fai un setup sbagliato sono guai. Per assurdo, se non dici alle persone del tuo pubblico dov'è il bagno, ci sarà qualcuno che, a un certo punto, si agiterà perché non sa dov'è e non può chiedertelo.

Capitano anche queste cose, è importante dare ogni tipo di informazione. C'è qualcuno che mi ha chiesto, prima di iniziare il corso, quando si fanno le pause, perché per quella persona era importante saperlo e gestirsi di conseguenza. Non sapeva che l'avrei detto di lì a poco, però ha fatto bene a chiederlo perché molti miei colleghi non lo specificano.

Durante un corso di formazione che seguii da studente il formatore parlò ininterrottamente per sei ore, dalle otto del mattino a pranzo inoltrato, senza mai interrompersi. Ovviamente, le persone, dopo le prime ore, iniziarono a innervosirsi, non seguivano più, perché si può passare sopra la necessità di prendere un caffè o l'aver fame, ma ci sono bisogni primari che vanno soddisfatti.

Io, a un certo punto, non potendone più, mi sono alzato e sono uscito. Non è piacevole e non ha senso mettere a disagio le persone. Poi, se proprio ti trovi a non poter fare pause, avverti il tuo pubblico dicendo: «Non facciamo pause, se proprio qualcuno deve andare al bagno si può alzare e andare senza chiedere».

Robbins, ad esempio, non può far pause. Pensa cosa succederebbe, infatti, se decidesse un orario per pausa pranzo o per andare a fare i propri bisogni, diecimila persone che si accalcano tutte insieme verso l'uscita, sarebbe un suicidio collettivo! Così ognuno va quando ha necessità.

Quindi il setup è fondamentale. A seconda del corso che faccio il setup può durare dieci minuti come due ore e può consistere in una serie di racconti, di storie, di aneddoti riguardanti situazioni in cui mi sono trovato.

SEGRETO n. 12: perché tu, come formatore, possa svolgere efficacemente il tuo lavoro devi fare un buon "setup", ovvero impostare alcune regole e anticipare una serie di obiezioni per non avere problemi durante il tuo discorso.

Tornando al nostro esempio, questo è ciò che accade anche quando mi trovo a fare formazione in azienda o ai medici. Lo faccio anche con i miei allievi ai corsi. Mentre parlo dico loro che sono motivati. Ora, che sia vero o no, intanto gliel'ho detto, dando loro questa suggestione.

In azienda, come in aula, racconto spesso la storia degli 86.400 euro, che poi, in realtà, sono gli 86.400 secondi di cui si compone una giornata. Anche questa è un'ottima suggestione per dir loro che vanno sfruttati al meglio. Questo discorso non vale solo per loro, ma anche per te, ovviamente.

Il raccontare storie durante un corso non è un comportamento a caso, bensì un tecnica precisa e avanzata, denominata **nested loops**, di cui parleremo in maniera più approfondita quando toccheremo l'argomento del messaggio.

Narrare aneddoti è una tecnica ben precisa. Ad esempio, io inizio con il dire ai miei allievi che sono andato a fare un corso di formazione in azienda e poi, senza concludere il discorso, proseguo con la storia che ho raccontato in azienda. Come vedi, sulla prima storia innesto una seconda storia, creando una teoria di storie concentriche legate fra loro.

Tutto questo, alla fine, serve non tanto perché mi piace raccontare storie, ma per creare stati d'animo e suggestioni nel pubblico, quindi per trasmettere efficacemente il mio messaggio. Si usa non solo per operare un buon setup, ma anche durante tutto il corso del mio intervento. È molto importante.

Uno degli strumenti pratici immediati per tenere e mantenere il rapport con il pubblico qual è, secondo te? È l'occhio, lo **sguardo**. Se io guardassi sempre da un'altra parte e parlassi alle telecamere non guardando mai i miei allievi, questi sarebbero infastiditi, non si sentirebbero in sintonia con me, né compresi.

Sembrerebbe che io stessi da una parte e loro dall'altra. Io, magari, guardo il muro e parlo oppure guardo la lavagna e dico: «Un pilastro molto importante è il pubblico». Ricorda poi che c'è una cosa che non devi fare mai, ovvero dare le spalle al pubblico.

Il motivo per cui scrivo le lavagne prima di iniziare il corso in aula non dipende solo da esigenze di velocità video-televisive, o perché è più comodo così, è anche perché è disdicevole dare le spalle al pubblico. E anche se ai formatori insegnano a scrivere di lato per mettersi per lo meno di tre quarti al pubblico, è comunque fastidioso se protratto oltre un certo tempo.

Mentre a scuola ti insegnano a scrivere mettendoti di fronte al foglio, nei corsi di formazione per formatori ti offrono un metodo per scrivere ponendoti di lato alla lavagna. Io sono mancino e mi metterò in una data posizione, se sei destro ti metterai dalla parte opposta. Si impara, ci vuole solo un po' di pratica, perché non è facilissimo allungarsi, però si fa.

Per cui, mai dare le spalle al pubblico, perché sei qui per il pubblico, questo è quello che devi comunicare. Non sei qui perché ti vuoi sentire bravo o perché il tuo messaggio è interessante. Il messaggio esiste solo se è interessante per il pubblico, solo per chi è lì ad ascoltarti. Il pubblico è al centro della tua attenzione.

Dopo aver lavorato su di te, il secondo dato più importante da aver presente è la soddisfazione di coloro che ti sono di fronte. Se vuoi mantenere il rapport con il tuo pubblico, lo devi guardare. Puoi guardare tutti? Sì, se hai un numero limitato di persone. Se il tuo pubblico conta non più di quaranta persone, riesci tranquillamente a guardarle tutte. Se sono di più non puoi farlo singolarmente e, allora, guarda per gruppi, per blocchi, un po' là, un po' qua. È sufficiente, perché quando guardi un gruppo per alcuni secondi, la sensazione di ogni appartenente al gruppo, è che tu stia guardando lui o lei.

Io ricordo di aver avuto, a scuola, una professoressa più brava della altre non solo per come spiegava o perché era più umana, ma anche perché, nello spiegare, guardava negli occhi ognuno di noi per due o tre secondi, facendoci sentire coinvolti. Tra l'altro, il suo sguardo aveva l'effetto di costringerci all'attenzione, perché se la professoressa ti guarda, non puoi dormire o non stare attento! Catturava la nostra attenzione con lo sguardo.

Quindi lo sguardo è un'ottima base per creare rapport con il pubblico. Si parla di *sguardo democratico,* poiché, nel fare formazione, devi guardare un po' tutti, non devi escludere nessuno. Non devi guardare sempre e solo i tuoi amici, o le persone che hanno già fatto un tuo corso perché le senti più vicine. Non devi guardare solo le persone che non appena dici una cosa o fai una domanda ti fanno subito sì con la testa, anche se, istintivamente, ti potresti sentir portato a guardare solo loro.

Ad esempio, quando invito i miei allievi del corso di public speaking a venire a fare la prima prova, spesso tutti guardano me. Lo fanno perché trovano in me un appiglio, perché sono il loro maestro e, quindi, do loro sicurezza. È normale che sia così, però non dovrebbe succedere, perché altrimenti rischiamo di escludere qualcuno, di dare troppa attenzione a una persona piuttosto che alle altre.

Sia che tu sia in piedi a svolgere la tua conferenza, sia che sia seduto a una riunione, la regola non cambia. Il tuo sguardo, come sai, deve essere democratico, per cui devi cercare di guardare un po' tutti. Però non tutti in fila! Piuttosto scorri un po' qua e un po' là e soffermati su ognuno o su ogni settore non più di due o tre secondi.

Di più, infatti, sarebbe eccessivo, rischieresti di mettere in imbarazzo la persona o il gruppo di persone che, dopo un po', abbasserà o abbasseranno lo sguardo. Questo nella maggior parte dei casi, a meno che non ti trovi di fronte a qualcuno o a un gruppo formato da persone molto dure e sicure di sé.

Mi ricordo, a proposito di questo, di aver incontrato, durante uno dei miei primi corsi, una ragazza che si è rivelata molto timida, ma io l'ho capito solo in un secondo momento. Mi resi conto che non appena la guardavo abbassava la testa, si vedeva che era a disagio. Quindi cosa ho fatto? Semplice, la sfioravo appena con lo sguardo senza insistere neppure per 2 o 3 secondi.

Va bene che la regola generale è quella di distribuire lo sguardo su tutti, ma ricordati che ancora prima viene la regola della flessibilità nei confronti del tuo pubblico, che deve essere massima. Quindi, ora che lo sai, adeguati.

Se una persona è in difficoltà al primo sguardo, soprattutto all'inizio di un corso, invece di stare su di lei due o tre secondi, ci stai per uno o mezzo. Guardala sempre perché, altrimenti, si sentirà esclusa, però in maniera più breve, fintanto che lei riesce a reggere lo sguardo. Mi ricordo che già dopo un'oretta si era creato rapport e ho potuto procedere tranquillamente come con tutti gli altri.

Agli animatori turistici fanno addirittura lezioni sullo sguardo, è molto interessante. I formatori dicono loro che se hanno di fronte una coppia, quindi un uomo e una donna, un ragazzo e una ragazza, è necessario non guardare la ragazza, perché altrimenti il compagno potrebbe irritarsi.

Quindi occorre guardare lui, parlare con lui, poi magari guardare un attimo anche lei, ma soprattutto rivolgiti a lui, perché comunichiamo sempre, anche con lo sguardo. Pensaci, se arriva l'animatore tutto abbronzato, palestrato e pieno di sé che guarda la tua ragazza, ti fa un po' arrabbiare.

Altra regola: nel guardare, parti da fondo aula. È fondamentale, perché permette alle persone più lontane di sentirsi più coinvolte da subito. Infatti c'è l'abitudine di guardare troppo spesso coloro che ti ascoltano dalle prime file, a scapito di quelli delle ultime.

Certo è più facile guardare i primi della fila, ma se parti subito dal fondo vedrai che gli ultimi non li dimentichi più.

Attento, poi, ai cosiddetti "orfani". Cosa si intende per orfani? Si tratta di quelle persone che sono agli angoli laterali di un'aula. È più facile per l'oratore guardare le persone che ha di fronte e, quindi tendere a escludere, oltre a quelli delle ultime file, anche quelli delle file laterali. Quindi, attenzione a non fare orfani. Un'espressione che non trovo bella usata in questo contesto, ma che ti passo, essendo scritta così in tutti i libri.

Questo capita più o meno facilmente a seconda del tipo di disposizione dell'aula in cui ti trovi a parlare. Ad esempio, nell'aula disposta a ferro di cavallo l'oratore tende a entrarvi, rendendo orfani coloro che sono posizionati nei primi banchi laterali. Tra l'altro, se assumi la posizione centrata, tenderai esattamente a escludere i lati e gli uditori in queste posizioni lo percepiranno. Per cui, anche se entri nel ferro di cavallo, dopo un po' torna indietro e dedica un po' più di attenzione alle persone che sono in una posizione particolare, un po' più a rischio.

SEGRETO n. 13: lo sguardo di un buon formatore, per catturare l'attenzione del pubblico, deve essere democratico, ovvero deve abbracciare tutti i componenti dell'uditorio, stando molto attento a non escludere le ultime file e/o quelle laterali.

Ci sono degli studi di *psicogeografia* su questo. Sembra una parola astrusa, invece si tratta della metodologia di studio delle posizioni all'interno di uno spazio. Addirittura esistono ricerche sul modo in cui le persone si siedono all'interno di una cuccetta del treno o nell'ascensore!

La PNL, come sempre, non etichetta, quindi non ti dice: «Se la persona sta in prima fila vuol dire che...», non sai perché si è messa in prima fila, ci possono essere tante spiegazioni. Una può essere sicuramente che è molto interessata all'argomento, quindi vuole stare il più vicina possibile al formatore per seguire meglio. C'è chi, invece, magari è un po' più timido e preferisce stare nelle retrovie per non essere coinvolto direttamente. Ci possono essere mille motivi, per sapere la verità bisognerebbe chiedere alla persona.

Per quanto riguarda la scelta della mia aula tipo ti posso dire di aver fatto corsi a ferro di cavallo per diverso tempo, per anni, poi ho cambiato disposizione perché mi sono accorto che ha dei limiti. Intanto può contenere un numero ristretto di persone, va bene fino a quindici allievi, ma già a venti/venticinque risulta una sistemazione piuttosto scomoda.

La nostra azienda è cresciuta molto negli anni e la prima volta che a un corso avevo oltre quaranta iscrizioni, mi sono dovuto adattare. Dal ferro di cavallo sono passato alla disposizione a platea e poi l'ho mantenuta.

Gli studi di psicogeografia ci dicono inoltre che, a seconda della disposizione dell'aula, il formatore che organizza il corso trasmette cose diverse. Con una disposizione a ferro di cavallo dice ai suoi allievi che si trovano un po' tutti sullo stesso piano e c'è un'interazione maggiore con il gruppo.

Nella seduta a platea sono ben distinti i ruoli: c'è il formatore, quindi l'autorità, e c'è il pubblico. Il pubblico, in questo caso, sa che non può comunicare con il formatore se non quando è lui a chiedere se ci sono domande, anche perché, in molti casi, si è costretti a dare le spalle. Io ho scelto di impostare un corso di questo tipo, con un formatore che parla e persone che ascoltano.

Certo, rispetto al ferro di cavallo si crea più distacco, la situazione che si ha è simile a quella di un'aula universitaria, fa più professore e alunni. Però poi non rimango così rigido, ho i miei modi per interagire, creare rapport e per dare spazi. La cosa importante è che sia io a deciderlo, che abbia, quindi, il controllo della situazione.

Quindi il consiglio che ti do è studiare la geografia dei posti in base al tuo obiettivo. Se ti trovi a una riunione attorno a un tavolo questa disposizione privilegia l'interazione, ma se c'è un capotavola definito questo può conferirti una maggiore autorità e un ruolo diverso.

Molti testi parlano di questo argomento. Ad esempio *Il manuale del coach*, di Robert Dilts, un altro grande esponente della PNL che ha trattato, tra gli altri, l'argomento del coaching e del come posizionarsi nelle sessioni uno a uno. Se sei centrato, di spalle o un po' a tre quarti, il risultato cambia sensibilmente.

C'è un aneddoto carino che racconta Bandler a proposito di Robert Dilts. Pur essendo un grandissimo formatore in PNL, Dilts si è però si è distaccato da Bandler e dagli altri fondatori, creando una scuola parallela. È molto bravo, è uno studioso, uno scienziato, va molto nel dettaglio, scrive libri assimilabili a delle enciclopedie. Quindi è un po' meno pratico e veloce di Bandler che resta più fedele e in linea con il concetto originario di pragmaticità proprio della PNL.

Però, come public speaker, Bandler lo prende in giro perché, durante i suoi corsi, dà molto le spalle agli allievi, errore che non dovrebbe fare un formatore del suo calibro. Bandler racconta che una volta Dilts, durante una lezione, era, spalle al pubblico, intento a scrivere i vari passaggi dei suoi laboriosissimi esercizi alla lavagna.

Siccome la cosa durava ormai da un'ora, Bandler entrò in aula e fece uscire tutti i presenti senza che Dilts, concentratissimo sul suo lavoro, avesse modo di accorgersene. Dopo altri trenta minuti Dilts si voltò, vide solo Bandler al centro dell'aula e gli chiese: «Dove sono tutti i miei allievi?» e Bandler: «Robert, ma che dici? Guarda che qui non c'è mai stato nessuno! Mi sa che hai qualche problema… se vuoi facciamo una sessione io e te».

Perciò attento a come ti muovi in aula. Se c'è una carenza di sintonia, perché non hai creato rapport, rischi di perdere l'attenzione del tuo pubblico. Se dai spesso le spalle ai tuoi allievi, non li guardi e non fai che parlare alla lavagna non puoi pensare di coinvolgerli.

Il mezzo, in questo caso la lavagna, è importante, ma resta comunque uno strumento. Non interagire con esso escludendo il pubblico, al contrario usalo per trasmettere informazioni.

C'è tutto uno studio sull'uso delle lavagne. È dimostrato che servono soprattutto come messaggio visivo per gli allievi e aiutano l'oratore a sottolineare concetti importanti. Mentre spiego, infatti, i miei allievi guardano spesso la lavagna, che è un prezioso riferimento all'argomento di cui sto parlando. Quindi le lavagne vanno usate a modo.

SEGRETO n. 14: come formatore ti è assai utile servirti della "psicogeografia" per capire quale sia la migliore disposizione d'aula da adottare, per trasmettere con la massima efficacia il tuo messaggio.

In aula faccio fare ai miei allievi questo esercizio: tutti devono partire con le mani alzate e solo nel momento in cui si sentiranno sufficientemente coinvolti dal tuo sguardo, che si poserà su ognuno due o tre secondi, abbasseranno la mano. Ovviamente fino a che non li avrai coinvolti tutti, non ti fermare.

La cosa più importante è che tu riesca a posare il tuo sguardo su tutti, non fissarti sempre su alcuni di loro. Con questo esercizio sei costretto a farlo.

Gli amici che ti aiutano per l'esercizio dovranno essere inflessibili. Anche se sei il loro amico del cuore, a maggior ragione devono essere più severi nel giudicarti, perché devono aiutarti a imparare. Se abbassano la mano per gentilezza, infatti, non ti fanno un favore perché tu non imparerai.

Svolgendo questo esercizio in aula è capitato che l'allievo abbia guardato due persone poste in linea retta e che queste abbiano abbassato contemporaneamente le mani, sentendosi coinvolte nel medesimo istante. Questo è certo un buon segnale. Non è importante quanto a lungo guardi ogni persona. I vari componenti del gruppo d'ascolto non devono abbassare la mano fino a che non si sentono coinvolti dal tuo sguardo, solo allora l'abbasseranno. Quindi, mi raccomando che siano inflessibili.

A fine esercizio, do spesso due consigli su cose che di frequente i miei allievi sbagliano. Prima cosa: prenditi tutti gli applausi che il pubblico ritiene di concederti, perché non è carino da parte tua andartene mentre la gente è lì che ti applaude.

Ricevi sia l'applauso iniziale che finale, soprattutto quello finale, poi torni al tuo posto. È una cosa carina da fare, perché te lo meriti e per associare un po' di piacere al fatto che hai vissuto con coraggio questa situazione, questa difficile prova. Sia come incoraggiamento sia come rispetto nei confronti del pubblico. Se ti applaudono resta dove sei e ringrazia.

Sempre durante le dimostrazioni in aula può anche accadere che, a causa dell'argomento o dell'inesperienza dell'allievo, non ancora in grado di catturare perfettamente l'attenzione del suo uditorio, alcune persone si perdano e inizino a vagare con lo sguardo nel vuoto. Come saprai la PNL ha studiato i movimenti oculari. Ovvero movimenti che gli occhi fanno quando la persona è assorta nei suoi pensieri.

È difficile tenere gli occhi fissi in una direzione precisa mentre fai un discorso. Molti guardano in alto allo scopo di cercare argomenti, idee e pensieri. La PNL ci dice che quando guardiamo in alto, verso gli occhi, cerchiamo immagini acquisite attraverso il canale visivo, appunto, gli occhi. Quando guardiamo sul nostro piano o di lato, cerchiamo suoni acquisiti tramite il canale uditivo, quindi attraverso le orecchie. Infine, se guardiamo in basso cerchiamo le sensazioni, quindi il piano del dialogo interno, il canale cinestesico.

Non importa che ricordi questa schematizzazione, anche perché in tanti l'hanno confutata, non so a quale scopo. Sono etichette e non hanno grande importanza, non ci interessano tanto se non per sapere, soprattutto nel momento in cui parliamo in pubblico, che per ritrovare idee dobbiamo attivare i canali sensoriali.

Lo scopo, in questo caso, è di muovere gli occhi in maniera focalizzata, ovvero in direzione delle persone. Ad esempio, prima di iniziare a registrare un videocorso, faccio una piccola presentazione di un paio di minuti. Per il tempo che dura questa introduzione devo tenere gli occhi fissi in camera ed è qualcosa di difficilissimo.

Il segreto consiste nello sfocare lo sguardo. Io ci riesco perché ho una certa esperienza. In realtà non sto più guardando la telecamera, ma sono in uno stato di trance assoluta. Questo è l'unico modo per organizzare le idee e dire cose sensate in una situazione del genere, perché nel guardare fisso il pensiero si distrae dall'occupazione presente. Quindi è normale guardare da un'altra parte o muovere di tanto in tanto gli occhi.

È interessante dire che ho notato, mentre gli occhi andavano in alto e in basso alla ricerca di idee, che anche la voce li seguiva. La componente paraverbale cambiava, quindi il mio tono di voce era leggermente diverso dal solito e la pronuncia delle parole si attardava sulle vocali finali, si prolungava in una serie di «ah... ehm...». Si tratta dei fastidiosi suoni che inseriamo tra una vocale e l'altra, a coprire quel vuoto che ci spaventa tanto.

SEGRETO n. 15: facendo formazione ti accorgerai che è assai difficoltoso tenere gli occhi fissi in una direzione mentre parli; accade perché, nel cercare informazioni, gli occhi si muovono continuamente.

Ecco, un'altra delle paure che la maggior parte delle persone ha nel parlare in pubblico è di rimanere in silenzio. Però, in realtà, facendo formazione è una grande arma a tua disposizione, perché attira l'attenzione, un silenzio parla veramente tanto, crea attesa.

Infatti, prima di iniziare ogni corso, arrivo al centro dell'aula e sto zitto, dieci, venti, trenta secondi. Quanto basta, quanto serve per ottenere l'attenzione di tutti. Quando si crea il silenzio assoluto e sai di poter padroneggiare il tuo stato emotivo, è una sensazione bellissima, mentre è terribile quando hai paura, è un incubo, altroché. Però, in generale, il silenzio serve e funziona bene.

Se c'è qualcuno che chiacchiera o che disturba, sia all'inizio che durante lo svolgimento del corso, e non riesci a recuperare l'attenzione, con il silenzio puoi ottenere il risultato. Ad esempio se due miei allievi chiacchierano perché gli va di farlo, io ho un'arma per farli smettere, faccio silenzio e guardo solo loro due, in breve tutti gli sguardi saranno puntati su di loro.

A un certo punto il loro inconscio si sveglierà e si renderà conto della situazione imbarazzante, scuotendosi. Volendo posso accentuare l'effetto facendo alcuni passi verso di loro in modo che avvertano la mia presenza e si deconcentrino da se stessi. Oppure, se proprio non mi ascoltano, posso dire: «Appena avrete finito di chiacchierare, noi iniziamo», scherzando, ovviamente. Però è evidente come, non appena si sentono chiamati in causa, saltino in piedi sull'attenti.

SEGRETO n. 16: il silenzio può spaventare chi fa formazione, in realtà è una potente arma in mano al formatore in quanto crea attesa e attira l'attenzione.

Altra cosa: quando cerchi di coinvolgere il tuo pubblico, stai attento a non invadere lo spazio privato delle persone. Che vuol dire? Ad esempio se in aula, nel fare un esempio, indico le due persone davanti a me, le metto in stato di agitazione. Prima di tutto calibra, stai attento alle persone che coinvolgi. Se un mio allievo, prima di una prova di public speaking, si trova in imbarazzo perché totalmente impreparato, gli concedo due minuti per preparare un argomento. Se non si è attenti e flessibili verso il pubblico è possibile che sfuggano delle situazioni di disagio che potrebbero, invece, essere corrette con facilità.

Se ti accorgi che, prendendo ad esempio un tuo allievo per spiegare qualche concetto, questo smette di respirare per dieci secondi, evita di rifarlo per non ledere la sua sensibilità, sii il più generico possibile.

Se, alle battute iniziali di un corso, vuoi dare ai tuoi allievi una suggestione perché non chiacchierino fra loro, non dirai: «Se **qualcuno di voi** inizia a chiacchierare». Infatti, dicendo "qualcuno di voi" assoceresti a loro l'idea del chiacchierare e distrarsi, mentre è meglio allontanarla. Sarai, invece, più generico e dirai: «Se qualcuno del mio pubblico si mette a chiacchierare…». Dire "qualcuno del mio pubblico" è assai più vago e non stimolerà nei tuoi allievi l'idea del distrarsi chiacchierando con il compagno, piuttosto che seguire.

I messaggi inconsci che diamo sono paralleli alla comunicazione cui siamo abituati, cioè quella verbale. Comunque sappi che tutti i gesti, gli esempi, le suggestioni offerte dal formatore colpiscono molto. Tutti i miei allievi si sentiranno coinvolti in un modo diverso a seconda del modo in cui mi relaziono con loro. Se chiedo che venga un volontario, non devo obbligare nessuno. Se dico: «Va bene, vieni tu, che ne pensi di questa cosa?» metto il mio allievo in una situazione imbarazzante, esposto al giudizio e all'opinione di tanta gente quando lui, magari, vorrebbe seguire il corso tranquillo e in pace, senza essere coinvolto.

Ecco perché alcune persone potrebbero scegliere o meno di mettersi in prima fila a seconda delle esperienze avute in passato e delle eventuali paure acquisite. Se qualcuno, essendosi messo in prima fila durante un corso, è stato coinvolto dal formatore al di là di quel che avrebbe voluto, puoi star certo che non prenderà più posto davanti, bensì sceglierà le retrovie.

Allora, abbiamo visto quanto sia importante lo sguardo, guardare tutti negli occhi, anche solo per due o tre secondi o addirittura meno, agendo con la massima flessibilità. Quindi, come ti dicevo, se ti accorgi che è opportuno che per qualcuno dei tuoi allievi lo sguardo debba durare meno di quei due o tre secondi, dimezzali. Se per qualcuno deve durare di più, allungali. Sii sempre flessibile con le persone che hai di fronte, non smetterò mai di dirlo.

Guarda per esempio i politici, alcuni sono bravissimi in questo. Gianfranco Fini, ad esempio, prima di cominciare a parlare guarda in fondo, da una parte, dall'altra e al centro. Quindi fa la giusta pausa all'inizio per attirare l'attenzione, guarda tutti a blocchi per settori, perché quando parla ha, magari, centinaia di persone davanti.

Quando guardi parlare Fini hai l'impressione che stia parlando proprio a te, ecco perché riesce a coinvolgerti. È uno dei pochi che non è lì con il foglio di carta a leggere una dichiarazione ma parla improvvisando, che poi improvvisazione non è perché lui si sarà preparato come chiunque. In fondo, che ci vuole a prepararsi prima evitando così di leggere? Si fa comunque una figura diversa, la suggestione del proprio discorso è certo maggiore.

SEGRETO n. 17: un buon modo per suscitare l'interesse del tuo pubblico è guardare tutti i presenti per due o tre secondi, indugiando meno su coloro che mostrano imbarazzo nell'incrociare il tuo sguardo.

Quindi lo sguardo è importante, la preparazione è importante e c'è un altro strumento, cui ti accennavo prima, che è altrettanto importante per creare rapport.

Questo strumento sono le **domande**. Sia che il gruppo a cui parli sia piccolo, sia che sia folto, puoi interagire con le persone che lo compongono tramite semplici domande, creando sintonia. Non crei rapport se, invece, ti concentri del tutto su te stesso e sul tuo pensiero e procedi con la conferenza esponendo tutta la tua teoria, senza fare attenzione, senza esser focalizzato sulle persone.

Non crei rapport se non chiedi loro se hanno capito, se hanno vissuto eventi simili a quelli degli aneddoti che racconti o se sono d'accordo con te; se non chiedi se hanno domande o dubbi. In questo modo non andrai lontano, rischierai di annoiare chi hai di fronte o di sembrare troppo freddo.

Ci sono diversi tipi di domande immediate che puoi usare. Un primo tipo sono le **domande di chiarezza**, che sfruttano i canali sensoriali visivo, auditivo e cinestesico: «Vi è chiaro questo argomento? Vi suona bene? Avete afferrato il senso della mia frase?»

Ancora, puoi far domande per renderti conto se le persone ti seguono, anzi, ricorda di farle: «Ragazzi, mi seguite? Altrimenti ricomincio». O, andando più in profondità: «Cosa specificatamente non hai capito?» È importante che tu lo chieda perché devi sempre far sì che le persone del tuo pubblico non si perdano, che restino concentrate.

Ricorda che il ricalco è creare sintonia, è prendere per mano le persone e portarle nella tua direzione, sul tuo lato del fiume. Però, mentre sei preso dalla foga del tuo discorso, può darsi che tu li perda. Speriamo che non scivolino nel fiume, altrimenti la corrente se li porta via! Conviene verificare che ti stiano seguendo e fare una domanda è un mezzo molto semplice per riuscirvi.

SEGRETO n. 18: le domande di chiarezza si costruiscono sfruttando i canali visivo, auditivo e cinestesico e servono per capire se il tuo pubblico ha compreso ciò che sino a quel momento hai detto.

Vi sono poi le **domande di accordo**. In questo caso, dopo aver esposto una tua idea, chiedi: «Siete d'accordo?» Ne può nascere un dibattito o un'interazione. C'è chi ti dirà di sì, chi di no, e dovrai essere in grado di affrontare anche i no perché, nell'esprimere una tua idea, devi mettere in conto di poter trovare qualcuno che non sia d'accordo con te.

Ci sarà qualcuno che non crede nella motivazione o che si possa essere spontanei nell'imparare delle tecniche. Chiedendo, chiarendolo, andando ad approfondire le sensazioni o quello che le persone provano, puoi entrare in sintonia con esse. Per cui non è detto che alla fine del corso in aula io e ognuno dei miei allievi saremo d'accordo su tutto ciò che ho detto, anzi è assai improbabile, ma va bene lo stesso. L'importante è che si resti in sintonia.

Non li formo nella speranza che poi, alla fine, la penseranno tutti come me, mi auguro di no, perché siamo tutti diversi. Però saremo sicuramente un gruppo, saremo sicuramente in rapport.

SEGRETO n. 19: attraverso le domande di accordo chiedi al tuo pubblico se è d'accordo con le idee che stai esponendo.

Si parla di **domande di esperienza** quando chiedo: «Ti è mai capitato di…». Ad esempio «Ti è mai capitato di volerti comprare un'automobile?» Magari vorresti comprarti la Mini e, da quel momento, inizi a vedere Mini dappertutto. Succede perché il tuo cervello si è focalizzato su questo modello di macchina. Quindi scopri che sotto casa ce ne sono parcheggiate una quindicina, che il vicino di casa ha la Mini, che sotto casa c'è un concessionario di Mini e non l'avevi mai visto prima. Da quando hai deciso che vuoi la Mini, la vedi ovunque.

Le domande di esperienza, strumento tipicamente ericksoniano assai utilizzato dai venditori, aiutano a rivivere stati d'animo. Questo è il potere del focus mentale e non c'entra nulla con il fatto che ti abbia fatto una domanda soltanto per ricondurti a un'esperienza. Ti chiedo: «Ti è mai capitata una cosa del genere? Hai presente quando incontri una persona e ti piace tantissimo?» Attraverso le domande, soprattutto le domande di esperienza, puoi stimolare, oltre all'interazione e alla sintonia, l'emersione di alcuni stati d'animo.

In che modo? Se io chiedo a un mio allievo di corso: «Ti è mai capitato di seguire un corso con tantissima attenzione? Ti è mai capitato di seguire un corso ed essere completamente soddisfatto del formatore?» con una domanda semplice, di esperienza, stimolo in lui l'idea di soddisfazione riguardo al corso che sta seguendo e che io tengo, favorisco un suo atteggiamento di attenzione.

Il cervello risponde subito, non è necessario che il mio allievo replichi verbalmente: «Sì, a me è capitato quella volta in cui…», il suo cervello mi ha già risposto. Quando faccio in modo che acceda a un'esperienza, il suo cervello richiama le sensazioni legate a quell'esperienza. Le precise sensazioni che volevo richiamasse ponendogli quella domanda. In questo si vede con chiarezza il potere delle domande. Questo era lo strumento che usava Milton Erickson, uno dei più grandi terapeuti del 1900, e che Bandler e Grinder, i due fondatori della PNL, hanno studiato per molti mesi, estraendo da lui moltissimi dei modelli linguistici oggi presenti in PNL.

Attraverso l'uso di questo tipo di domande, dette "rievocative" perché vanno a rievocare un'esperienza attingendola dal set di emozioni che abbiamo provato nella vita e che il nostro cervello conserva, possiamo accedere e installare qualsiasi stato d'animo negli altri.

Chi ha letto il mio libro, *Seduzione*, sa che con questo strumento è possibile richiamare sensazioni di amore. Per esempio, dici a una ragazza: «Ti è mai capitato di sentirti innamorata di una persona?

Ti è mai capitato di incontrare una persona e sentir nascere qualcosa da subito, capire che c'è stato un colpo di fulmine?» e intanto che lo dici, fai anche dei gesti inclusivi nei tuoi confronti in modo da forzare, da creare l'associazione fra l'idea del colpo di fulmine e te. Puoi, in questo modo, dare dei segnali subliminali, inconsci, all'altra persona.

Quando hai un pubblico di fronte a te devi fare in modo che sia soddisfatto di ciò che dici. È chiaro che poi ci deve essere un reale motivo di soddisfazione. Voglio dire che se non hai reali contenuti da trasmettere puoi fare tutte le domande possibili, suscitare tutti gli stati d'animo che vuoi, ma non rimane comunque nulla a chi ti ascolta. Ma se hai dei contenuti da dare e vuoi favorire il loro apprendimento e la soddisfazione del tuo pubblico, puoi aiutarti con questo processo.

SEGRETO n. 20: attraverso le domande di esperienza puoi stimolare l'interazione, favorire la sintonia e rievocare alcuni stati d'animo del tuo uditorio.

Arriviamo alle **domande di utilizzabilità**. In questo caso l'interrogativo è: «Come utilizzerai qualcosa?» Nel costruirle è utile sfruttare la strategia della **presupposizione**, altro strumento squisitamente ericksoniano. Ad esempio, potrei chiederti: «Come pensi di utilizzare le tecniche di cui ti ho parlato sinora?» Come vedi, ho impostato la presupposizione che, comunque, le hai imparate e le utilizzerai.

Se chiedo ai miei allievi, come faccio sempre nel corso di persuasione: «Quanto tempo impiegherete per imparare a utilizzare bene i modelli linguistici?» mi rispondono azzardando una previsione temporale, una settimana, un mese, tre mesi, un anno.

A me, in realtà, non interessa la loro risposta, quanto tempo ci impiegheranno, perché nel momento in cui rispondono dandomi più o meno un tempo minimo, so che hanno accettato la presupposizione che li impareranno. Poco importa se impiegheranno una settimana piuttosto che un mese o un anno. Già nel rispondermi mi hanno detto: «Li imparerò» e questo è ciò che volevo ottenere.

Se avessi chiesto loro: «Pensate di riuscire a imparare i modelli linguistici?» avrebbero anche potuto rispondermi di no! Invece, chiedendo: «Quanto tempo impiegherete per imparare? Come utilizzerete queste tecniche?» indipendentemente da quale sia la loro risposta, ho presupposto che le impareranno e le utilizzeranno in qualche modo.

Quindi, nel fare questa domanda, faccio sì che i miei allievi creino un ponte sul futuro per le prossime volte in cui utilizzeranno veramente questi esercizi. Li faccio pensare a quell'esame che devono dare, quel colloquio di lavoro da sostenere, quella situazione in cui avranno davvero bisogno di queste tecniche. Non solo, nel rinforzare l'apprendimento do anche la suggestione, il messaggio nascosto, che le utilizzeranno.

Ecco perché dico che anche in una sola giornata si può imparare a parlare in pubblico. A patto che il formatore sia efficace, il messaggio sia ben strutturato, che il pubblico lo riceva e risponda. Durante le mie giornate di corso io cerco di favorire l'apprendimento proprio utilizzando questo tipo di domande, questo tipo di messaggi.

Perché so che le persone possono migliorare anche in un giorno e Bandler è il primo a dirlo: «Il cambiamento o avviene in tempi brevi o non avviene, e se avviene in tempi lunghi il cambiamento vero e proprio c'è stato nell'ultimo periodo».

Le cose si apprendono velocemente perché il cervello lavora speditamente. In effetti, se ci pensi, i bambini sono velocissimi nell'apprendimento perché osservano le persone a loro vicine e le modellano. Allo stesso modo i miei allievi, solo guardando me, possono modellarmi e imparare a parlare in pubblico. Nel vedere cosa faccio, come mi muovo, la mia postura, il mio modo di parlare e di usare le lavagne, imparano molto più di quanto non facciano nel momento in cui spiego le tecniche. La pratica trasmette molto di più.

Come dicevo prima, quando dico ai miei allievi: «Chi ha capito alzi la mano», io alzo la mano per primo perché so che il gesto è più forte delle parole. L'esempio di congruenza è più forte di tutto il resto. Con le domande, oltre a coinvolgere il pubblico, posso offrire altri messaggi, favorire l'apprendimento durante un corso, una riunione o altro.

Perché le domande funzionano per creare rapport? Prima di tutto perché funzionano per creare un'interazione. Nel fare una domanda a un mio allievo lo coinvolgo direttamente, gli chiedo se gli è mai successo, se è d'accordo, gli mostro il mio interesse verso ciò che pensa, gli faccio capire che addirittura può darmi degli spunti.

Magari mi parla di una situazione, una storia, un aneddoto che, oltre a far capire meglio agli altri allievi, io stesso potrò riutilizzare in un prossimo corso proprio come storia per spiegare meglio un concetto. Quindi non solo io do ai miei allievi, ma prendo da loro, insegno ma, a mia volta, imparo moltissimo.

SEGRETO n. 21: grazie alle domande di utilizzabilità il formatore imposta una presupposizione, dando al suo pubblico la suggestione positiva che si saprà certamente servire degli strumenti da lui proposti.

Poi le domande hanno anche altre funzioni, sono un ottimo mezzo per gettare lo stress, trasferendolo agli altri. Si dice "gettare la scimmia". Ora immagina di avere, avvinghiata al collo, una scimmia che ti sta strozzando. Stai parlando in pubblico, sei teso e stressatissimo e questa scimmia ti soffoca, ti chiude la gola, ti fa sudare copiosamente, tanto da non riuscire a parlare. Tu cosa fai? Rivolgi una domanda ai tuoi allievi, ovvero prendi la tua scimmia e gliela getti.

Chiedi: «Chi di voi mi vuole raccontare perché è qui?» al primo che risponde getti la tua scimmia e pensi: «Bene, prenditi la mia scimmia!» Intanto che la persona parla delle sue motivazioni, coinvolgendo comunque tutto il gruppo, tu hai modo di rilassarti, respiri e pensi a ciò che dovrai dire subito dopo.

Questo è tanto più vero nei primi minuti di corso e, infatti, se fai caso, molti formatori li impiegano facendo domande agli allievi: «Chi è di Roma? Chi è di fuori Roma? Dormite qui? Chi è già stato ai miei corsi? Chi non c'è mai stato?» e così via. Tutte domande che servono per coinvolgere, **domande aperte**, che quindi non presuppongono come risposta un sì o un no. Con una domanda chiusa, infatti, non faresti in tempo a gettar loro la scimmia che, di colpo, risalterebbe sul tuo collo.

Al contrario una domanda aperta dà modo di rispondere in maniera articolata, prendendosi il proprio tempo: «Io ho fatto questo, questo e questo». Altre domande aperte potrebbero essere: «Com'è andato il pranzo? Com'è andata la cena? Com'è andato il caffè?» utili sia per interagire, sia per riprendere l'interazione, sia per gettare la scimmia. Quindi è un ottimo metodo.

I miei allievi che fanno la prova in aula spesso arrivano davanti ai loro colleghi tesissimi e stressati, in realtà sarebbe stato loro sufficiente fare una domanda agli altri corsisti, dire: «Di cosa volete che parli, visto che non ho argomenti specifici da trattare?» e la persona intanto avrebbe potuto rilassarsi e respirare. Nessuno lo vieta, anzi, è un ottimo mezzo di interazione, per creare sintonia, veramente fantastico!

Quindi le domande servono a scaricare lo stress, a interagire e creare sintonia, a creare rapport e dare messaggi, più o meno subliminali, riguardo alle esperienze, l'usabilità, gli stati d'animo e, in generale, a favorire l'apprendimento.

Come ti ho detto, io utilizzo le mani per dare suggestioni ai miei allievi. Se chiedo: «Chi di voi è già stato a un mio corso? Chi non c'è mai stato?» alzo la mano io per primo e, volendo, potrei alzare una delle due mani per intendere sì e l'altra per intendere no.

C'è poi chi usa le mani anche per influenzare la risposta, l'ho visto fare a molti politici. Durante la campagna elettorale Bush/Clinton mi è capitato di ascoltare in tv una persona che affermava: «Perché Bush è così, così e così» e intanto muoveva la mano destra. Poi diceva: «Clinton è così, così e così» e intanto muoveva la mano sinistra. Alla fine ha detto, muovendo di nuovo la mano destra: «Voi chi votereste?» È ovvio che così intendeva influenzare il pubblico a votare Bush, veicolando palesemente la risposta e creando, come si dice in PNL, un ancoraggio su una mano con uno e sull'altra con l'altro dei due politici.

Nel momento in cui diceva: «Voi chi votereste», muovendo la mano ancorata a uno dei due, in questo caso a Bush, stava suggerendo per chi, secondo lui, gli americani avrebbero dovuto votare, se Bush o Clinton, così influenzando la loro risposta.

Quindi la gestualità, come le domande, sono tutti strumenti che interagiscono fra di loro. Non dimenticare di guardare tutti e di stare nella tua postura di sicurezza perché, comunque, ti trovi di fronte a un pubblico, devi coinvolgerlo, mantenere il tuo equilibrio mentale, essere sempre sicuro e, in più, come hai imparato ora, saper fare delle domande.

Ora ci concentreremo di più sulle domande senza dimenticare il resto e se ti capita di utilizzare altri strumenti, come la gestualità inclusiva ed esclusiva, ricorda di associare al tuo pubblico qualcosa di bello e di scaricare ciò che è negativo sul nulla. Fai attenzione anche al modo in cui si comporta il tuo pubblico, se qualcuno di loro inavvertitamente sbaglia, correggilo.

Ho visto tanti conferenzieri fare il contrario, ovvero scaricare sul pubblico qualcosa di brutto. Una volta un formatore, nel dire: «Ci sono in giro certi idioti!» l'ha scaricato proprio sulla persona accanto a me! Si è sentita offesa perché sembrava proprio ce l'avesse con lei. Non è piacevole, non solo a livello inconscio.

Le domande sono anche uno strumento per capire cosa vuole la platea. All'inizio, ad esempio, si può chiedere: «Per quale motivo siete qui? Cosa vi aspettate da questo corso?» Può essere uno strumento molto utile per ricalibrare il corso in base alle persone che hai di fronte, per capire le loro necessità e i loro bisogni.

Poco fa ti consigliavo di stare attento un po' alle necessità di tutti per riuscire a calibrare ognuno, per riuscire a capire, singolarmente, se quella persona vuole andare in pausa, se in un dato momento è molto attenta, se sta scrivendo, se ha bisogno di un minuto in più per concludere il suo schema. Occorre essere attento a tutto.

La PNL, però, non dà etichette, quindi non puoi basarti sugli indizi che hai raccolto per dare un giudizio sicuro. Quello che vedi, magari uno sbadiglio, può essere noia ma anche semplicemente stanchezza o altro. Nel dubbio, chiedilo: «Volete fare pausa?» Se vedi che otto persone su dieci ti dicono di sì, allora avevi inteso bene gli indizi.

Quindi fai domande. Questo vale sia nel pubblico che nel rapporto one to one. Se hai una persona di fronte in atteggiamento di chiusura, gambe incrociate, magari insaccata, puoi trarre delle conclusioni e pensare che potrebbe essere un atteggiamento di chiusura. Oppure potresti fare di meglio, prendere i libri di comunicazione non verbale, buttarli, dopodiché capire che ciò che hai visto non sono altro che indizi e, magari, fare qualche domanda in più: «Stai così, è successo qualcosa? C'è qualcosa che non va?» la persona magari risponde semplicemente: «No, ho freddo». Meglio fare una domanda in più piuttosto che reagire istintivamente prendendo per vere cose magari campate in aria.

Una cosa importante da sottolineare è che puoi fare sia domande aperte che chiuse. Ovvio, se fai tante domande chiuse, riceverai risposte molto brevi, non riuscirai a gettare la tua scimmia, ti resterà lo stress e non avrai risolto. In ogni caso, ti conviene iniziare proprio da una domanda chiusa, perché è più facile far dire sì o no alle persone, piuttosto che farli esporre con un'idea o con una storia. Gli fai dire sì o no, poi chiedi: «Tra quelli che hanno risposto di sì, chi mi vuole raccontare la sua esperienza?» e aspetti, fai silenzio.

Molto meglio dire così piuttosto che forzare: «Tu hai detto sì e allora raccontami», perché diverresti fastidiosamente invasivo. Qualcuno racconterà la sua storia ed è in quel momento che tu recuperi le tue forze e respiri, ti tranquillizzi e interagisci.

Buona norma, quando ti fanno una domanda o ti danno una risposta, ripeterla e rigirarla a tutti. Sia perché la persona che è in fondo alla sala potrebbe non aver sentito, sia per rendere evidente a questa persona che hai capito perfettamente ciò che ti ha risposto e che l'hai ascoltata.

Molti formatori, infatti, fanno la domanda per gettare lo stress e poi non ascoltano la risposta. Invece io, quando sono in aula, non solo ascolto la risposta ma me ne interesso, perché può rivelarsi un utile spunto critico anche per gli altri allievi. Poi la lego all'allievo che l'ha fatta e a tutto il gruppo e, se mi serve, la collego all'argomento che voglio presentare o la uso per sottolineare le idee che ho già esposto.

Quindi le domande sono molto importanti, tanto che si dice che *chi domanda comanda*. Le domande sono anche uno degli strumenti più potenti per i venditori, che fanno molte domande ai potenziali clienti per offrir loro il prodotto più giusto. Nel corso di vendita io parlo proprio di **vendita sartoriale**, faccio tantissime domande, come il sarto che prende le misure e ti consiglia il vestito più adatto. Proprio perché quello deve essere il giusto prodotto, non può dire: «Qui ho cinquanta vestiti, scegliti quello che vuoi», farebbe perdere inutilmente tempo al cliente, perderebbe tempo lui stesso per scoprire, magari, che non ha il prodotto adatto.

Grazie alle domande, puoi calibrarti nei confronti delle persone che hai di fronte, puoi aiutarti a gestire le obiezioni rigirando una domanda. Voglio dire che, se qualcuno ti fa una domanda, tu puoi abilmente girarla a lui replicando: «Tu come ti risponderesti?» oppure: «Voi come rispondereste a lui?» Puoi continuare a scaricare lo stress in questo modo, gettando la tua scimmia a qualcun altro. Lui fa una domanda a te ma tu non rispondi o perché non sai farlo o perché non ti va di entrare in polemica, quindi fai rispondere lui stesso o qualcun altro. È uno strumento molto efficace.

Gettare la scimmia è importante anche nella gestione del tempo. Quando un cliente o un collaboratore viene da me e mi dice: «Questo non si può fare», io gli chiedo: «Se si potesse fare, tu come faresti?» in modo da stimolare la risposta e perché spesso certe persone vogliono solo far vedere che sanno risolvere il problema, anche se appare difficile da affrontare. Quando qualcuno vuole passarti il suo stress, vuole gettarti la scimmia, tu gettagliela indietro immediatamente.

Così sul lavoro. A tutte quelle persone che, magari, vengono per farti perdere tempo, o per venderti qualcosa che non ti interessa, getta la scimmia, restituiscigliela immediatamente, anzi, non prenderla affatto! Se ti chiede: «Hai da fare?» rispondi di sì.

SEGRETO n. 22: il buon formatore non si accolla lo stress altrui, riesce ad allontanarlo da sé gettando la scimmia, ovvero trasferendolo ad altri o anche rinviandolo al mittente.

RIEPILOGO DEL GIORNO 2:

- SEGRETO n. 10: per coinvolgere una quota più ampia possibile del tuo pubblico, composto da persone diverse l'una dall'altra, è necessario tu sia il più generale, vago e multisensoriale possibile.

- SEGRETO n. 11: per attuare un ricalco culturale sul tuo pubblico devi adeguarti al contesto e alle persone che hai di fronte.

- SEGRETO n. 12: perché tu, come formatore, possa svolgere efficacemente il tuo lavoro devi fare un buon "setup", ovvero impostare alcune regole e anticipare una serie di obiezioni per non avere problemi durante il tuo discorso.

- SEGRETO n. 13: lo sguardo di un buon formatore, per catturare l'attenzione del pubblico, deve essere democratico, ovvero deve abbracciare tutti i componenti dell'uditorio, stando molto attento a non escludere le ultime file e/o quelle laterali.

- SEGRETO n. 14: come formatore ti è assai utile servirti della "psicogeografia" per capire quale sia la migliore disposizione d'aula da adottare, per trasmettere con la massima efficacia il tuo messaggio.

- SEGRETO n. 15: facendo formazione ti accorgerai che è assai difficoltoso tenere gli occhi fissi in una direzione mentre parli; accade perché, nel cercare informazioni, gli occhi si muovono continuamente.

- SEGRETO n. 16: il silenzio può spaventare chi fa formazione, in realtà è una potente arma in mano al formatore in quanto crea attesa e attira l'attenzione.

- SEGRETO n. 17: un buon modo per suscitare l'interesse del tuo pubblico è guardare tutti i presenti per due o tre secondi, indugiando meno su coloro che mostrano imbarazzo nell'incrociare il tuo sguardo.

- SEGRETO n. 18: le domande di chiarezza si costruiscono sfruttando i canali visivo, auditivo e cinestesico e servono per capire se il tuo pubblico ha compreso ciò che sino a quel momento hai detto.

- SEGRETO n. 19: attraverso le domande di accordo chiedi al tuo pubblico se è d'accordo con le idee che stai esponendo.

- SEGRETO n. 20: attraverso le domande di esperienza puoi stimolare l'interazione, favorire la sintonia e rievocare alcuni stati d'animo del tuo uditorio.

- SEGRETO n. 21: grazie alle domande di utilizzabilità il formatore imposta una presupposizione, dando al suo pubblico la suggestione positiva che si saprà certamente servire degli strumenti da lui proposti.

- SEGRETO n. 22: il buon formatore non si accolla lo stress altrui, riesce ad allontanarlo da sé gettando la scimmia, ovvero trasferendolo ad altri o anche rinviandolo al mittente.

GIORNO 3:

Ideare Messaggi ad Alto Impatto

Uno dei punti determinanti nella formazione consiste nel modo di strutturare il messaggio da trasmettere. Ci sei tu, c'è il pubblico e c'è quello che stai dicendo al tuo pubblico.

Gli studi che abbiamo fatto in PNL ci dicono che tre sono le fasi più importanti nella struttura di un messaggio, definite attraverso la metafora di un viaggio aereo che ti aiuterà a capire: **decollo**, **volo** e **atterraggio**.

L'attacco, ovvero l'introduzione all'argomento, è rappresentato dal decollo, i contenuti dal volo e la conclusione dall'atterraggio. Quindi: come inizi a parlare, come esponi il tuo argomento e come concludi.

Decollo e atterraggio, certo, sono i momenti più delicati. Ricordo l'ultima volta che ho preso l'aereo per andare a seguire un corso di Bandler. Era febbraio, a New York facevano -4 gradi. Sono arrivato che le piste erano innevate a causa di una tempesta di neve. A New York, infatti, l'inverno è molto freddo e dura a lungo. Anche al ritorno c'era tempesta e sia l'atterraggio al mio arrivo che il decollo alla mia partenza sono stati molto delicati.

Avevo accanto persone che piangevano dalla paura perché prese dallo sconforto. Infatti la situazione non era delle più rassicuranti: arrivando in aeroporto avevamo trovato una pista del tutto ghiacciata e prima di partire si era resa necessaria un'attesa di due ore a causa della tempesta. In più, una volta saliti sull'aereo il personale dell'aeroporto aveva iniziato a fare manovre strane, come mettere del liquido sulle ali per far scongelare il ghiaccio.

Non appena partiti l'aereo ha iniziato a tremare tutto e ha continuato a vibrare più o meno decisamente fino a che non siamo arrivati sopra le nuvole. Lì, finalmente, abbiamo trovato il sole e tutti si sono calmati.

L'atterraggio è stato altrettanto agghiacciante. La pista era molto scivolosa, con le ali ghiacciate perché a 10.000 metri fanno -70 gradi. C'era vento, addirittura tempesta, la gente urlava e piangeva: insomma, non eravamo certo in uno stato particolarmente piacevole!

Sono fasi particolarmente delicate, durante le quali ci si deprime parecchio, tanto più se il viaggio non è stato deciso autonomamente ma indotto da qualcun altro, come può essere un capo ufficio. Nella formazione è così, spesso è un'imposizione del capo. È più difficile affrontarlo se non si ha una motivazione più che forte, uno stimolo che spinge ad andare avanti.

Nella tua carriera di formatore ti potranno capitare diversi "viaggi". Tu segui attentamente questa struttura e non sbaglierai mai. Riuscirai sempre a cavartela egregiamente in qualsiasi situazione.

Analizziamo le parti della struttura una ad una partendo dal decollo. Il decollo è fatto di diversi aspetti, in particolare è fatto dal **cosa**, dal **perché** e dal **come**. Cosa, perché e come sono i tre aspetti, i tre lati da curare per offrire un messaggio che incuriosisca, chiarisca i dubbi, dia degli obiettivi e faccia delle promesse. Che permetta, quindi, un decollo perfetto.

Partiamo dal **cosa**, ovvero, cosa facciamo? Di cosa parliamo? Nel cosa abbiamo, ovviamente, la presentazione del corso e del formatore. Quindi io arrivo in aula e dico ai miei allievi: «Salve, oggi trattiamo l'argomento del parlare in pubblico. È un corso molto speciale, vi spiegherò concetti che io ho appreso da Richard Bandler, da Anthony Robbins e da altri grandi formatori. Mi chiamo Giacomo Bruno, sono quindici anni che mi occupo di comunicazione e sono molti anni che parlo in pubblico, per cui penso di avere l'esperienza necessaria per potervi dare qualcosa. Quello che vi dirò… bla, bla, bla».

Così presento il corso, presento me stesso e do delle informazioni che possono essere utili a tal fine. Quindi comincio a dire il mio "cosa".

SEGRETO n. 23: il primo passo che il formatore deve fare per attuare un buon decollo consiste nell'illustrare il "cosa", ovvero presentare se stesso e il corso.

Poi do una **cornice temporale**. Dare una cornice temporale significa dare un contesto di tempo cronologico al proprio corso, dire che durerà una giornata, due giornate oppure quindici giornate divise in diversi mesi, perché, magari, è un percorso piuttosto che un master.

Dare una cornice temporale, quindi, vuol dire dare dei tempi. Dirò per esempio che la giornata di oggi inizia alle 10 e finisce alle 18, che faremo una pausa pranzo a metà giornata e due coffee break a metà mattina e metà pomeriggio. Perché è importante dirlo? Perché altrimenti prima o poi qualcuno me lo chiederà.

Come dicevo poco fa, il decollo è un setup nel quale cerco di dare tutte le informazioni possibili per evitare che a qualcuno rimangano dei dubbi e mi subissi di domande in pieno corso. Quindi dirò, perlomeno, quando inizia e quando finisce.

Devi sapere che la formazione degli adulti è diversa dalla formazione scolastica. Mentre i bambini apprendono senza farsi domande ciò che dice l'autorità, ossia la maestra o l'insegnante, gli adulti apprendono in maniera diversa, perché hanno già le proprie convinzioni e le proprie idee, e non è facile farli ripartire da zero. Non è semplice, da parte loro, accettare che tu dica: «Metti da parte tutto ciò che sapevi di comunicazione fino ad oggi, perché ora ti dirò cose nuove e diverse».

Gli adulti sono stati classificati in due categorie con particolarità differenti. I **giovani**, cioè le persone fino ai trentacinque anni, ragionano soprattutto per obiettivi, quindi la cosa che più li interessa è conoscere gli obiettivi che si possono raggiungere attraverso la frequenza del corso. Pensano che, possedendo determinate informazioni, riusciranno a parlare meglio in pubblico, elimineranno lo stress e si sentiranno più sicuri nell'affrontare riunioni, esami e conferenze.

Invece gli adulti più maturi, dai quaranta anni in su, ragionano soprattutto per cornice temporale, vogliono sapere che orari avranno e cosa faranno durante tutta la durata del corso. Quindi bisogna dire loro: «Stamattina spiegheremo questi concetti, poi, nel pomeriggio, faremo degli esercizi per metterli in pratica».

Si aspettano che il formatore dia loro non solo una cornice temporale del corso, ma anche delle informazioni logistiche. Quindi, oltre agli orari, che fanno comunque parte delle informazioni da fornire, è bene indicare dove si svolge il corso, come vestirsi, dove sono i bagni, come è organizzato il pranzo, se c'è qualcosa incluso o non incluso, se c'è un ristorante o un bar nelle vicinanze. Di' tutto ciò che puoi per evitare che qualcuno te lo chieda più tardi in un momento, magari, inopportuno.

SEGRETO n. 24: nell'illustrare il "cosa" è importante che il formatore fornisca una cornice temporale, ovvero un contesto di tempo cronologico al suo corso.

Quindi, fare una sorta di presentazione generale del corso e delle sue modalità rappresenta il "cosa" e fa parte del decollo. Poi c'è il **perché**, che è altrettanto importante.

Nello spiegare il "perché" usiamo dei termini propri della PNL. Parliamo di stato attuale e stato desiderato, ovvero due diversi modi di analizzare una situazione. Lo stato attuale corrisponde alla situazione odierna, quella vissuta attualmente: «Oggi sono qui» (stato attuale); lo stato desiderato è la condizione che si vorrebbe raggiungere: «… ma domani il mio obiettivo è quello di divenire un ottimo formatore» (stato desiderato).

Io potrei dire ai miei allievi di corso: «Oggi parliamo di public speaking perché si dice che (stato attuale) parlare in pubblico sia la seconda paura più forte per moltissime persone. Molte persone hanno paura di parlare in pubblico, si sentono stressate al solo pensiero, temono le pause, si vergognano all'idea di sudare copiosamente, di non sapere più cosa dire o di avere vuoti di memoria.

Attraverso questo corso (stato desiderato) potremo affrontare il pubblico con serenità, senza stress e con efficacia. Riusciremo a coinvolgere le persone, a entrare in sintonia con i gruppi, che siano composti da dieci, mille o diecimila persone, con le stesse tecniche e gli stessi strumenti che utilizzano i più grandi formatori del mondo, modellati dalla Programmazione Neuro-Linguistica».

Quindi, da un lato c'è la situazione attuale, le paure e le fobie del parlare in pubblico, e dall'altro la situazione desiderata, che è la serenità, la tranquillità e l'efficacia. Il beneficio per te che leggi è che già alla fine della lettura della guida saprai affrontare il pubblico in maniera autonoma, e, se farai gli esercizi, man mano che procederai noterai delle differenze sempre più marcate nel tuo atteggiamento. Alla fine il tuo modo di parlare in pubblico sarà molto diverso.

Poi, ovviamente, starà a te continuare a fare pratica, da stasera stessa o da domani, tutte le volte che ti troverai in pubblico. Potrai utilizzare le tecniche imparate durante questa lettura anche solo per raccontare una barzelletta agli amici.

Quindi, evidenzia la differenza tra stato attuale e stato desiderato, e vedrai chiaramente i benefici che puoi ottenere. Anche se, in base alla distinzione ricordata prima, sarebbero le persone sui trentacinque anni, ovvero i cosiddetti "giovani", ad avere maggiore interesse a individuare i benefici, ciò non vuole dire che ai quarantenni e più, ovvero agli "adulti", non interessi sapere fino a che punto può cambiare in meglio la propria situazione. Si tratta comunque di generalizzazioni, e tali rimangono per la PNL.

SEGRETO n. 25: spiegare il "perché" del proprio discorso, da parte del formatore, consiste nel mettere a confronto lo stato attuale e desiderato dal pubblico ed evidenziare, quindi, i benefici che, seguendo, si possono ottenere.

Poi abbiamo il **come**. Per spiegare il come ai miei allievi di aula dico: «In questa giornata faremo una serie di prove pratiche, ognuno di voi verrà qui singolarmente e testerà la sua capacità. Poi faremo anche degli esercizi di gruppo e a coppie, che ci permetteranno di mettere in pratica ciò che abbiamo imparato. Se avete delle domande o dei dubbi, ditelo, fatemi un cenno, vi darò la parola appena ho finito di spiegare l'argomento». Si devono preannunciare i momenti di discussione, quelli dedicati alle domande, pensati per approfondire tutti i dubbi che vengono al pubblico.

Quindi di' al tuo pubblico come intendi strutturare la **gestione domande**, ovvero che spazio hai intenzione di dedicare allo sciogliere i loro dubbi e rispondere alle loro domande. È necessario che tu lo faccia, altrimenti troverai chi ti interromperà mentre sei concentrato nel tuo discorso e rischierà di farti perdere il filo, chi ti farà dodici domande di seguito, chi ti farà domande che non c'entrano nulla.

È bene anche dire che gestirai le domande in un certo modo, che quelle che non riguardano esattamente il contesto le vedrai nella pausa e che ci saranno anche domande alle quali non saprai rispondere, perché non sei onnisciente, non puoi sapere tutto.

Cosa succede se non sai rispondere a una domanda? Di': «Non lo so». Puoi rispondere molto sinceramente: «Non sono a conoscenza di questo libro, non so rispondere bene a questa domanda, preferisco documentarmi. Domani sarò in grado di fornirvi una risposta più approfondita». Rispondi così se la domanda rientra nel tuo campo. Se va al di fuori no, in questo caso di': «Puoi chiedere a qualcun altro, ti posso far parlare con il mio collega». Sii sincero, non inventarti risposte se non le sai, perché non ti giova. Non saresti congruente e loro, prima o poi, si accorgerebbero che stai dicendo stupidaggini.

Poi devi parlare della **gestione degli esercizi**, se prevedi di svolgerne alcuni durante il corso. Ti ho già raccontato di quella volta che mi sono dimenticato di annunciarli e una ragazza del pubblico mi ha detto: «No, io non lo voglio fare, perché dovrei fare un esercizio?» Ho replicato: «Hai ragione, non lo fare». Io non obbligo nessuno a fare un esercizio, perché siamo a un corso, siamo liberi e siamo adulti, non siamo a scuola.

Durante i miei corsi, se qualcuno non vuol fare l'esercizio non lo fa. Però non mi è mai capitato se non in quell'occasione, in cui non avevo fatto un buon setup e non avevo curato questo aspetto particolare nel setup. Se io dico che la giornata sarà piena di esercizi e qualcuno decide dall'inizio di non farli, a me va anche bene. È peggio per lui, perché poi, in pratica, perde tutto il corso.

Utile può essere il **giro di tavola.** Cos'è? È la presentazione dei partecipanti. Puoi approfittare della presentazione per fare un esercizio con i tuoi allievi, invitandoli a presentarsi agli altri. Oppure può essere il formatore a presentarsi per primo e dire, ad esempio: «Salve, sono Giacomo Bruno, questo è il programma del corso e questi sono gli obiettivi che voglio aiutarvi a raggiungere. Prima di cominciare gli esercizi, vorrei che vi presentaste tra di voi, così vi conoscerete meglio e vi sarà più facile far gruppo». Puoi farli presentare tra loro o puoi chiedere che ognuno si presenti a tutti gli altri ad alta voce. Ci sono varie metodologie per farlo. In genere cerca di non essere invasivo.

Alcuni, ad esempio, all'inizio dei propri corsi fanno venire ogni allievo a centro scena e gli chiedono di presentarsi. Il che va benissimo in un corso di public speaking, ma in un corso di comunicazione o di autostima non ha senso.

Infatti la persona potrebbe pensare: «Ma come, io ho bisogno di autostima e tu mi metti in difficoltà sin dal primo minuto del corso?» Tu tieni sempre conto del numero di persone che hai di fronte. Se hai cinquanta persone lascia perdere, fino a venti persone falle presentare in modo che si crei gruppo da subito.

SEGRETO n. 26: spiegando il "come", il formatore illustrerà al suo pubblico come intende strutturare la giornata o le giornate del suo corso.

Poi è sempre molto importante l'**anticipo delle obiezioni**. Qui riprendiamo un po' gli esempi che ti ho fatto prima, si tratta di anticipare le obiezioni che sai per certo ti faranno.

Quando ho presentato il mio libro nel quale si parla di seduzione e di come imparare a usare tecniche per la seduzione, mi aspettavo la prima obiezione che mi hanno fatto. Cioè che non si può imparare a usare tecniche per essere seduttivi o sedurre, perché se si usano le tecniche non si è spontanei.

Per cui, quando presento il libro o i corsi di seduzione, anticipo per primo le obiezioni e dico: «Salve, oggi vi parlo del mio libro, so che molti di voi penseranno che non si può imparare la seduzione o che non si è spontanei se si usano delle tecniche. È anche vero...», e dico la mia, «... che tutto quello che oggi fate spontaneamente lo avete imparato. Un tempo non era spontaneo».

Un tempo per te non era spontaneo guidare la macchina, per cui dovevi riflettere su ogni tua azione: girare la chiave e non far spegnere il motore, dosare il piede sulla frizione, inserire la marcia, frenare, accelerare e così via, mentre ora lo hai imparato e ogni gesto ti viene naturale. Per lo stesso principio, tutto ciò che oggi ti è spontaneo lo hai imparato in passato in qualche modo.

Se oggi impari a un corso o da un libro le tecniche di seduzione, seguirai lo stesso percorso psicologico di quando hai imparato a camminare e a parlare grazie ai genitori, a leggere grazie alla maestra o a giocare grazie ai compagni. Tutto ciò che sai, quello che oggi chiamiamo spontaneità, è stato imparato in qualche modo. Per cui, se anticipi le obiezioni, eviti che qualcuno te le faccia mentre stai parlando. Quindi, nel mio caso, evito di rompere una sintonia solo perché una persona si alza in piedi e dice: «Non si può imparare la seduzione».

Ti faccio un altro esempio. Una volta avevo un appuntamento con due persone di una certa importanza, uno era il presidente di un'azienda con mille dipendenti e l'altro l'amministratore delegato della stessa. Arrivano nel mio ufficio, avranno avuto sui sessant'anni, io mi presento e dico: «Salve» e loro mi rispondono: «C'è suo padre? È suo padre Giacomo Bruno?» Ho replicato: «No, sono io Giacomo Bruno, piacere». Questo è stato il loro inizio. Ma io ci sono abituato, so di essere giovane rispetto al lavoro che faccio e che mi porta a contatto con persone di ogni età, di ogni livello e ogni posizione. Per cui di questo equivoco, che avrebbe messo in crisi molti, a me non importava, anche perché ero preparato.

Ho parlato a lungo della PNL, contestando tutto ciò che dicevano, sarebbe stato troppo facile dar loro ragione su tutto! Erano entrati in ufficio dicendo di avere letto un libro di Bandler, *Persuasion engineering*, che è un capolavoro secondo me, ma loro obiettavano: «Però lui, quando si tratta di gestire le obiezioni, dice di dirle per primo, ed è troppo facile così!» Replicai: «Ma è proprio lì il segreto, forse non lo avete capito».

Cioè, mi sono messo un po' a dargli addosso, a imporre le mie idee. È giusto che ognuno abbia le proprie idee, ma se fai un buon setup sei al riparo da obiezioni, non troverai mai qualcuno che, pur non condividendo le tue idee, ce l'abbia con te.

Intanto andavo avanti con il mio discorso, mentre loro, già un po' scossi, alla fine mi hanno detto: «Noi dobbiamo formare tanti venditori che hanno tra i venticinque e i trent'anni e non sono in grado di vendere, non sono in grado di presentarsi e alla prima obiezione vanno in panne». Io ho risposto: «Volete che formi venditori sicuri e capaci così come lo sono stato io oggi nell'affrontarvi, dopo avervi sentito chiedere se Giacomo Bruno ero io o mio padre?»

Ho ripetuto loro tutto ciò che era successo, poi ho continuato: «Ebbene, se lo volete, avete trovato la persona giusta per formarli». Loro sono rimasti colpiti, sia dalle mie parole sia dal modo in cui avevo loro riproposto la loro gaffe. Alla fine ho ottenuto un ottimo contratto!

A giudicare dall'approccio, l'incontro sarebbe dovuto andare in maniera completamente opposta. Se mi fossi fermato, se me la fossi presa per essere stato scambiato per il figlio di Giacomo Bruno, avrei compromesso ogni cosa. Invece non ho avuto problemi, proprio perché so di essere giovane. Con la differenza che, rispetto a loro, alla mia età posso permettermi di essere più dinamico, di avere tante idee e di creare prodotti innovativi.

Ancora un esempio. Tempo fa parlavo con un esperto di comunicazione televisiva di Maria De Filippi. Secondo me la De Filippi è una grande comunicatrice, alla faccia di chi la detesta, perché sa gestire benissimo le obiezioni. Usa modelli linguistici propri della PNL, non so se è perché l'ha studiata, se le viene naturale o se ha imparato a comunicare in questo modo grazie ai tanti anni di esperienza nell'interazione con persone giovani e meno giovani. Fatto sta che li usa, quindi la trasmissione è anche interessante.

Guardala con occhi nuovi, non per ascoltare le solite storie, ma dal punto di vista della PNL e della comunicazione. Quella sera era ospite della trasmissione Sabrina Ferilli, che nei mesi precedenti aveva avuto diversi problemi sentimentali, era stata tradita dal marito che, pochi giorni prima, era uscito su tutti i giornali avvinghiato a un'altra donna. In conseguenza di ciò era appena finito, dopo pochissimo tempo, un matrimonio preceduto da un lungo fidanzamento, in cui lei aveva creduto.

La Ferilli non era più apparsa in tv né sulle riviste poiché rifiutava di farsi intervistare, era praticamente scomparsa. Tuttavia, potenza di Maria De Filippi e Maurizio Costanzo, decise di partecipare a quella trasmissione, dove sapeva di trovare un pubblico piuttosto prevenuto nei suoi confronti. È difficile affrontare una simile prova dopo esser stata nascosta un po' di mesi senza voler più parlare di sé.

Cosa ha fatto? Ha fatto finta di nulla? No. Se avesse fatto finta di nulla, tutti avrebbero pensato: «Vedi? Fa finta di nulla mentre dentro sta morendo». Invece lei è arrivata e ha detto: «Certo, questo non è proprio il mio periodo, sono su tutte le riviste, su tutti i giornali di gossip, mio marito quante me ne ha combinate!»

Cioè, ha azzerato subito le emozioni di tutti, le ha anticipate lei, è stata lei a tirare fuori il problema e lo ha fatto con grande autoironia. Ha fatto una gran figura, si è presa un sacco di applausi perché ha anticipato quell'obiezione che nessuno le avrebbe fatto concretamente ma che tutti avevano in testa.

Per portarti un ultimo esempio sull'anticipo delle obiezioni, vorrei parlarti di un film carino che non mi sarei mai immaginato di apprezzare, ovvero *8 mile*, di Eminem. Non volevo andare a vederlo, non mi intrigava per niente, anche perché non mi piace il personaggio; invece mi sono dovuto ricredere: è stato godibile. È un po' la storia della sua vita e racconta di come lui abbia avuto diversi problemi familiari tra cui l'abbandono del padre. Da ragazzo partecipava a gare di rap nelle quali doveva cantare e, attraverso la canzone, offendere gli altri partecipanti alla gara.

Proprio il giorno prima del gran finale, della gara più importante del concorso, il suo avversario viene a scoprire tutti i suoi problemi familiari. Allora Eminem si crede rovinato e pensa: «Ecco, adesso quello sfrutterà tutto ciò che ha saputo per distruggermi in gara».

Allora che fa? Gioca d'anticipo e, cantando per primo, imposta l'intera canzone sull'anticipo delle obiezioni che si aspettava di ricevere. Rappando comincia a dire: «So che tu dirai che io ho questo, questo e quest'altro problema, dirai che mia madre è così e mio padre è così. Ma tu non puoi fare niente contro di me perché sono io il migliore». L'altro, che aveva preparato il suo rap proprio con l'intenzione di mettere alla berlina i problemi dell'avversario, si trova spiazzato, addirittura decide di non cantare più ed Eminem vince la gara.

Ecco, questo è stato un grande esempio di anticipo delle obiezioni, perché così facendo ha stracciato il suo avversario e vinto la gara. L'anticipo delle obiezioni, secondo me, è uno dei punti più importanti nel public speaking. Le altre cose di cui ti ho parlato, ossia la gestione delle domande, gli esercizi e il giro di tavola, le puoi ritrovare in tanti altri testi e corsi di public speaking. Sono quasi scontate. Nessuno ti parla, invece, di gestione e anticipo delle obiezioni.

Anzi, qualcuno dice il contrario: «Non anticipare le obiezioni, perché altrimenti rischi di metterle in testa agli altri senza che le pensino effettivamente». Qui bisogna stare attenti. Occorre anticipare le obiezioni, ma solo quelle che sei certo ti opporranno.

Se io vado a parlare a un gruppo di ragazzi giovani e dico: «So di essere molto giovane», potrei trovare chi è più giovane di me e non ha assolutamente in mente questo tipo di obiezione. Dicendolo gli metto in testa un'obiezione, o comunque rendo evidente una mia insicurezza quando non ce ne sarebbe motivo. Un anticipo del genere ha senso se il mio pubblico ha in media sui sessant'anni.

Ancora, nella vendita mai dire: «Questo prodotto non è una truffa», perché metti in mente al cliente l'idea della truffa e, come capisci, non è il caso. Quindi è importante essere accorti nell'anticipare le obiezioni, altrimenti rischiamo davvero di suggerirle! Le obiezioni si anticipano, come faccio sempre io, con storie, aneddoti e raccontando cose.

SEGRETO n. 27: l'anticipo delle altrui obiezioni è essenziale al formatore per bruciare sul nascere le osservazioni che già sa gli potranno essere mosse dal pubblico.

Comunque, ciò che mi interessa è che tu faccia un buon decollo. Scrivilo su un foglio, poi scriverai un buon volo e un buon atterraggio. La cosa più importante è che sia realistico. Se hai tre minuti per parlare dovrai dire le cose molto velocemente, quindi ti limiterai a quelle che devono essere sottolineate perché particolarmente importanti. Ovviamente, la cornice temporale del decollo deve essere proporzionata all'intera durata del discorso.

Se dici: «Buongiorno, oggi sono qui per parlarvi di formazione, ho in tutto tre minuti a disposizione e voglio parlarvi di questo, questo e quest'altro», il decollo dovrà essere di massimo venti secondi, certo non di un minuto e mezzo. Se hai a disposizione una giornata intera di corso potrai fare un setup e un decollo di mezz'ora, o anche di un'ora, l'importante è che ci sia proporzione.

In più, se sai di avere un tempo molto ristretto a disposizione, poniamo tre minuti, è necessario che tu lo dica al tuo pubblico, perché dà aspettative precise alle persone che ti ascoltano. All'inizio di un discorso, infatti, spesso il pubblico è distratto. Se però sa che il tuo intervento dura solo tre minuti ti seguirà da subito con attenzione, altrimenti rischi di non riuscire a coinvolgerlo. Se non glielo dici, perché lo dimentichi o anche solo perché lo dai per scontato, rischi che qualcosa non vada bene.

Mi è capitato, ad esempio, in una libreria, di aver avuto a disposizione solo dieci minuti per presentare un mio libro, perché nella stessa giornata erano previsti i discorsi di diversi autori. I miei colleghi, puntualmente, non pensavano a fare un buon setup per specificare la cornice temporale e non chiarivano per quanto avrebbero parlato e di cosa. Le persone, che erano lì per seguire una fila di dieci presentazioni ed erano anche un po' annoiate, non davano particolarmente ascolto a nessuno.

Quando è arrivato il mio turno ho detto: «Bene, abbiamo visto molti libri interessanti, e ora abbiamo dieci minuti per parlare di questo libro, intitolato *Seduzione...*» e ho continuato. Ho utilizzato un tono di voce più deciso per svegliare le persone che si stavano addormentando. Ho specificato cosa avrei detto e in quanto tempo. Molte persone hanno bisogno di saperlo per fare più attenzione a quello che si sta per dire.

Questo serve soprattutto quando hai presentazioni brevi, o magari miste a quelle di altri formatori. Quindi il setup che farai dipende dal contesto.

In generale è opportuno dire: «Gli orari sono questi, in questi momenti faremo pausa...» e così via. Serve in corsi brevi come in corsi lunghi. Ricordi? Prima ti raccontavo di un corso pensato senza pause... mi stavo sentendo male! Quindi è necessario dare una cornice, se non altro perché il tuo allievo possa dire: «Va bene, so che la pausa si fa alle undici, quindi resisto fino a quell'ora e poi vado in bagno».

La gestione domande riguarda il modo in cui coordinerai i quesiti che ti porrà il tuo pubblico. Tanto più se hai solo tre minuti per parlare, devi fare in modo di non farti interrompere, e quindi di': «Farò due minuti e mezzo di presentazione e negli ultimi trenta secondi darò spazio alle vostre domande». Oppure: «Non interrompetemi, fatemi un cenno e io vi darò spazio alla fine dell'argomento». È importante dirlo, perché il pubblico sappia che non vuoi interruzioni, ma che avrà comunque spazio per chiarire i propri dubbi.

Questo è il modo che anche io utilizzo per gestire le domande. L'anticipo delle obiezioni, invece, è qualcosa di diverso, è l'anticipare i pensieri delle persone che ho di fronte, è dire: «Lo so che la pensi così».

Per evitare che alle persone del tuo pubblico restino ancora dubbi, dopo aver risposto alle loro domande e fronteggiato le loro obiezioni, puoi chiedere: «Ho risposto alla domanda?» Se la risposta è sì, si va avanti. Io lo faccio innanzitutto perché voglio esser certo di aver sciolto ogni loro dubbio e, in secondo luogo, perché non voglio che una tecnica per gestire le obiezioni mi porti a sviare le domande e, quindi, a non rispondere. Voglio esser certo che la persona abbia capito, è nel mio interesse che mi segua, altrimenti la perdo e mi può creare problemi dopo.

George Bernard Shaw, a proposito di decollo, volo e atterraggio, diceva: «Dico ciò che sto per dire, lo dico e dico ciò che ho detto». In pratica nel decollo vi dico ciò che sto per dirvi, poi ve lo dico nel volo e nell'atterraggio vi dico ciò che vi ho detto.

Nel volo, quindi, dici ciò che hai intenzione di dire. Ciò significa che hai un'idea centrale, dei punti importanti e hai preparato dei contenuti. Nel tuo volo utilizzerai tecniche avanzate e racconterai storie e aneddoti.

Molti formatori e conferenzieri si limitano al volo. Iniziano con il volo, finiscono con il volo e non fanno, in realtà, né decollo né atterraggio, che invece, abbiamo visto, sono le fasi più delicate. Se non fai un buon decollo, infatti, rischi di non attirare l'attenzione del tuo pubblico, mentre se non fai un buon atterraggio rischi, alla fine del tuo discorso, di lasciare perplesse le persone che ti ascoltano.

Lo scopo, l'obiettivo principale del decollo è quello di incuriosire, di attirare l'attenzione. Puoi farlo attraverso una promessa, ad esempio: «Io vi prometto che entro stasera saprete parlare in pubblico in maniera molto più efficace di prima». Nello stesso modo quando dico: «Le statistiche ci dicono che la paura di parlare in pubblico è la seconda più grossa dopo la morte», attiro l'attenzione, sto incuriosendo.

Quindi prima incuriosisco e poi espongo le mie idee. Le tue idee dovranno essere proposte in maniera semplice e chiara, legate da un filo conduttore, un'idea centrale. Ad esempio, l'idea centrale, lo scopo, l'obiettivo di un mio corso di public speaking è di mettere i miei allievi in grado di parlare davanti a un pubblico con maggiore efficacia e senza stress attraverso una serie di esercizi.

L'idea centrale deve essere strutturata in tre o quattro punti importanti, non di più, perché altrimenti le persone non se ne ricordano. Se io ti descrivessi dieci metodi per parlare in pubblico, quanti te ne ricorderesti? Sempre tre o quattro. Allora tanto vale che te ne insegni tre o quattro, che li strutturi bene affinché tu li ricordi tutti.

Nella maggior parte dei miei corsi l'argomento principale è trattato in tre, massimo quattro punti. Nel public speaking sono tre: "formatore", "pubblico" e "messaggio" ed è talmente semplice ricordarli che certo non te ne dimenticherai mai. Ho insistito su ogni aspetto di questi tre punti, ne ho parlato da ogni punto di vista, li ricorderai per forza. Di ognuno, magari, rammenterai le storie e gli aneddoti collegati. Ad esempio, basterà parlare dei medici e ricorderai l'importanza di fare un buon setup, di anticipare le obiezioni, di fare un buon decollo e così via. Ecco perché insisto sull'importanza delle storie.

Quindi, ricapitolando, bisogna avere un'**idea centrale** e organizzarla in **tre o quattro punti importanti** in modo che possano essere ricordati bene da tutti anche a distanza di tempo.

SEGRETO n. 28: per attuare un buon volo, occorre avere un'idea centrale e organizzarla in tre o quattro punti importanti.

Puoi approfondire questi tre o quattro punti attraverso idee, **storie** e **aneddoti**. Perché funzionano le storie e gli aneddoti? So che all'inizio, quando mi limitavo alla teoria e alle tecniche, non facevo un gran corso. Mentre quando ho iniziato a inserire storie, storie mie e storie di altri, il messaggio veniva trasmesso e recepito in maniera completamente diversa.

Il mio primo contatto con la PNL coincide con la lettura del libro *Come migliorare il proprio stato mentale, fisico e finanziario* di un grandissimo motivatore, Anthony Robbins. Era un testo assai voluminoso, di 500 pagine, sulla motivazione. Bellissimo, ne sono rimasto colpito e ha prodotto un grande cambiamento in me. Il libro spiega sì le tecniche di PNL, ma corredate da un'infinità di storie e aneddoti. A me interessava comprendere bene le tecniche, quindi avevo intenzione di estrapolarle e creare un bella mappa mentale libera da storie e aneddoti a mio uso e consumo.

Tuttavia mi risparmiai il lavoro. Mi capitò, girando in libreria, di trovare un libricino semplificato sulla PNL con le sole tecniche L'ho letto, ma non mi è piaciuto. Ho pensato: «Però è strano, ci sono tutte le tecniche, non c'è un racconto che mi distrae, è proprio ciò che volevo, ma non mi sento per nulla soddisfatto».

Solo più tardi ho capito, modellando la struttura dei libri, che erano proprio i racconti a fare la differenza. Tutte quelle storie mi facevano emozionare, mi facevano immedesimare, mi coinvolgevano e soprattutto mi facevano capire come funzionavano le tecniche in pratica.

Infatti è molto meglio raccontare la storia di quando sono andato in azienda o quando mi sono trovato di fronte a dei medici, piuttosto che enunciare: «Una tecnica importante è quella di anticipare le obiezioni, perché se le anticipi non te le faranno più». Cosa capisci? Sì, la teoria è chiara, però cosa vuol dire in pratica? Come si usa?

Se tra dieci anni verrò a nominarti la tecnica dell'anticipare le obiezioni, tu mi risponderai: «Cos'è? Ah, la storia dei medici, sì, ricordo! Ah, la storia in azienda!» Le storie rimangono impresse nella memoria. Le storie emozionano, coinvolgono.

Tempo fa, qualcuno che seguiva un mio corso mi disse: «Si vede quanto sono importanti le storie dal fatto che, negli appunti che prendo, io segno proprio la parola chiave relativa alla storia. Perché quando vado a casa e mi rileggo gli appunti, mi basta leggere quel riferimento per ricordare tutto il concetto, piuttosto che imparare il concetto e poi legare altre cose». Quindi quella persona dalla storia risaliva al concetto.

Questo è il modo di parlare in pubblico tanto di Robbins quanto di Bandler, che ha sviluppato quest'ulteriore teoria, che poi teoria non è ma è pura pratica. Milton Erickson, il grande ipnoterapeuta, il padre dell'ipnosi indiretta, curava le persone semplicemente raccontando storie. Raccontava aneddoti, metafore, storielle di ogni tipo, le persone uscivano dalla seduta guarite. Se chiedevi loro: «Che ti ha fatto Milton Erickson?» «Veramente nulla». «Ma ti ha ipnotizzato?» «No, però sai cosa? Il problema non ce l'ho più». Come è stato possibile? Come faceva? Il lavoro di anni di Bandler e Grinder nel modellare Erickson e altri terapeuti è servito a capirlo.

Solo raccontando storie si possono lanciare messaggi in grado di cambiare il modo di percepire le cose e il sistema di convinzioni di chi ci ascolta. Per cui quello che per te all'inizio era un problema, alla fine non lo è più perché lo vedi da un'altra prospettiva, è cambiata la tua percezione.

La PNL parte dal presupposto che, poiché la visione della realtà che ognuno ha è soggettiva, il problema non è oggettivamente un problema. Se da un certo punto di vista può essere un problema, da un altro non lo è assolutamente. Si fa una **ristrutturazione**, si vede la cosa da un altro punto di vista ed essa assume un altro significato.

Pensa a quelle persone che si considerano troppo sensibili e si fanno un problema di questo. Certo, nei rapporti umani la sensibilità, portata alle estreme conseguenze, può limitare, perché per paura di esser feriti si rischia di chiudersi agli altri. D'altro canto essere sensibili vuole anche dire essere capaci di sostenere le persone care e gli amici nel momento del bisogno. Saper dire quella parola in grado di risollevare da un momento di tristezza, vivere con più intensità i propri sentimenti e così via. Quindi, visto da un'altra prospettiva, può essere un invidiabile e ricercato pregio.

Quindi, una stessa caratteristica che può essere negativa da un certo punto di vista, tanto da creare un problema, vista da un'altra angolazione può assumere un significato diverso. È famosa la storia, che racconta Bandler in uno dei suoi libri, di una paziente con cui ha lavorato che aveva l'ossessione della pulizia. Doveva essere sempre tutto pulito, litigava con i suoi figli e con il marito perché sporcavano. Soprattutto aveva l'ossessione della pulizia del tappeto e andava in crisi se i bambini, rientrando da scuola, lo imbrattavano con le scarpe sporche.

Bandler comincia a parlare con questa persona, si fa spiegare la situazione e le dice: «Va bene, immagina che la casa sia tutta pulita». Questa comincia a sorridere. «Ti piacerebbe vederla così? Guarda il tappeto, è pulitissimo. E adesso renditi conto che, se il tappeto è così pulito, è perché *non c'è nessuno* in giro. Tu sei sola, i tuoi bambini non ci sono e tuo marito non c'è». Lei comincia a non avere più quel sorriso così raggiante e, anzi, si incupisce, si impaurisce ed esclama: «No, sola no, per carità!»

Quindi Bandler ristruttura questa ossessione cambiando l'associazione mentale della signora. Se per lei prima "pulizia" era uguale a "benessere", ora "pulizia" è uguale a "solitudine". Un'associazione tanto sgradevole permette alla persona di uscire dalla sua ossessione, perché la porta ad allontanarsi dall'idea della pulizia come valore assoluto. Quando il tappeto è sporco, infatti, vuol dire che hai dei bambini che ti amano in giro, che hai un marito e una situazione di calore attorno a te. È questione di diverse associazioni. Questa storia ci permette di capire che un problema può essere visto in modo diverso e io l'ho usata per spiegarti questo concetto.

SEGRETO n. 29: corredare il tuo discorso con storie e aneddoti ti aiuterà a far sì che il tuo pubblico ricordi con più efficacia i vari messaggi che hai voluto trasmettergli.

Se ci fai caso questa è una storia dentro la storia. Io ti stavo parlando di un argomento quando a un certo punto ho parlato della seduta di Bandler e, all'interno di essa, della storia che Bandler ha raccontato alla signora. Si tratta della tecnica delle **"storie dentro storie"**, corrispondente all'inglese **nested loops**, un modo efficacissimo per coinvolgere il proprio pubblico e per trasmettere messaggi.

Non è una cosa facilissima da gestire, sono anelli che si aprono e via via si chiudono. Come funzionano? Inizio a raccontare una storia e ti dico che una stessa situazione, per te magari problematica, può non esserlo se considerata da un altro punto di vista. Però prima ancora di terminare questo concetto comincio a parlarti di Bandler dicendo: «Bandler racconta nei suoi libri che...» e introduco la storia della signora con problemi di ossessione.

La racconto per filo e per segno e poi, giunto alla conclusione, torno al racconto precedente: «Quindi Bandler dice che...», lo termino e lo chiudo. Infine torno al mio punto di partenza dicendo che una situazione che si considera problematica, se vista diversamente, può non esserlo. Quindi, inizio con una storia, poi ne introduco un'altra, poi un'altra e così via. Infine pian piano inizio a chiuderle una a una, fino a tornare al mio punto di partenza.

È un lavoro complicato e non si impara sui libri, non si trova da nessuna parte; lo racconta Bandler nel suo corso per formatori. Ha fatto anche un video su questo argomento denominato proprio *Art and Science of Nested Loops*, ripreso dal suo corso a Orlando. La tecnica dei nested loops non è semplice da usare perché è già difficile di per sé raccontare storie, cosa che non risulta spontanea a tutti. Figuriamoci poi creare tutto questo sistema di cerchi concentrici.

Però funziona, sia perché, come dicevo prima, chi ti ascolta si immedesima, sia perché con questa tecnica puoi prendere un concetto, impacchettarlo all'interno di altre storie e far sì che si trasmetta direttamente all'inconscio del tuo pubblico. Questa è l'idea di Bandler. Quindi non c'è bisogno che io ti stia a spiegare esattamente la tecnica, la teoria. Con una storia ho lanciato il messaggio e il tuo cervello l'ha recepito.

Invece di dirti: «Ciò che tu consideri un problema può non esserlo se visto da un'altra angolazione», avrei potuto raccontarti direttamente le storie: «Sai, l'altro giorno sono andato a un corso tenuto da Bandler durante il quale ci ha raccontato questa storia. Diceva che…». È un po' complicato, però funziona.

L'obiettivo qual è? È riuscire a impacchettare nella mia storia l'insegnamento fondamentale, perché tu lo possa recepire con facilità. Addirittura Bandler alcune volte sceglie di non concludere le storie aperte all'inizio del racconto, decide di non chiudere alcuni degli anelli. Tanto che i suoi allievi arrivano alla fine del corso e pensano: «Chissà come è andata a finire quella storia? L'ha iniziata e non l'ha conclusa… Boh!» Non lo dice, non la racconta fino alla fine perché, secondo lui, in questo modo la *mente rimane aperta*.

Secondo Bandler in PNL è giusto avere un atteggiamento di elasticità e apertura anche in questo senso. Puoi iniziare a raccontare delle storie e scegliere di chiuderne alcune e non altre. Non è necessario, e raggiungi l'obiettivo di creare curiosità e attenzione in chi ti ascolta non solo per la durata del corso, ma per la vita.

Un mio allievo, ad esempio, potrebbe dire: «L'altro giorno mi trovavo a un corso con Giacomo Bruno…», e con questo inizia la prima storia, «… che raccontava di Bandler», seconda storia, «…che raccontava di una sua seduta di terapia», terza storia. Poi richiude la terza, la seconda e infine dice: «Giacomo Bruno, alla fine, ci ha detto così», tornando alla partenza, cioè al giorno del corso. In questo modo ha raccontato quattro storie, l'una dentro l'altra.

Questa tecnica è riconducibile a un meccanismo denominato "cumulazione di realtà" proprio dell'ipnoterapia, utile per creare uno stato di attenzione massima e per far sì che si afferrino i concetti.

Non ci soffermiamo più di tanto su questo, nel senso che al di là dell'idea dei nested loops, ciò che mi interessa veramente che tu colga è l'importanza di raccontare storie e aneddoti. Io ho visto che raccontare storie, nei miei video, nei miei corsi, fa veramente la differenza, fa memorizzare i concetti più di qualsiasi altra cosa. Per cui, se hai un'ottima idea centrale e la esponi in pochi punti raccontando alcune storielle, ti basterà che i presenti ricordino le storielle, perché sai che da quelle risaliranno alle tecniche.

Alle persone che mi dicono: «Non mi interessa partecipare al corso perché ne ho fatto uno identico con Tizio o Caio», io replico: «Ti consiglio di venire ugualmente perché, a differenza di altri, io do poca importanza alle tecniche in sé e per sé, dedico ad esse pochissimo spazio. Per spiegarle utilizzo storie e aneddoti perché, in questo modo, non ti arriverà tanto la tecnica quanto l'*atteggiamento mentale* che c'è dietro».

Bandler, ancora oggi, dice che la PNL non è tecnica, ma un atteggiamento mentale, nonostante negli anni si sia rovinata perché si è diffusa troppo attraverso le tecniche. Infatti le persone vogliono che si spieghi loro la tecnica altrimenti pensano: «Cosa mi ha lasciato? Boh, una serie di storielle».

Certo, io spiego anche tutte le tecniche, le trovi nominate e strutturate nella guida, ma preferisco trasmettere idee attraverso racconti che ti trasferiscono, anche e soprattutto, certe convinzioni e un dato atteggiamento mentale. Nel mio modo di fare formazione io cerco di trasmettere ai miei allievi convinzioni potenzianti, che li possano aiutare nel parlare in pubblico, nella comunicazione, ad acquisire autostima e così via. È in parte quello che insegno ai medici, perché riescano a trasmettere convinzioni potenzianti ai propri pazienti.

Non sono tanto importanti le tecniche quanto l'atteggiamento. Perché il paziente, essendo in una situazione difficile, ha bisogno più che mai di sostegno morale, di supporto, e questo è tanto più efficace se gli arriva attraverso dei messaggi filtrati tramite aneddoti e storielle. Magari lo aiuteranno a stare meglio, a sentirsi più in forze, a credere di più in una forma di terapia piuttosto che in altre.

Ad esempio Robert Dilts, nell'ambito del lavoro di modellamento proprio della PNL, ha fatto uno studio sulle convinzioni dei pazienti guariti dal cancro e ha rilevato che l'unica convinzione in comune era quella di credere nella propria terapia, indipendentemente da quale fosse. Poco importa se si trattasse di chemioterapia o altro, il dato che accomunava tutti i guariti era l'essere convinti che la propria cura potesse risanarli.

Lo scopo del volo deve essere proprio quello di far sì che le persone acquisiscano nuove capacità e nuove convinzioni potenzianti.

SEGRETO n. 30: la tecnica dei "nested loops", anche detta "storie dentro storie", ti permette di far arrivare messaggi al tuo uditorio confezionandoli all'interno di una serie di storie concentriche.

Quando prepari il volo, scrivi tre o quattro punti centrali della tua idea - questo è ciò che maggiormente mi interessa - e fai in modo che ti vengano in mente anche storie o aneddoti da legarvi. Ora, però, è importante che fissi i tre punti più importanti che vuoi le persone ricordino alla fine del tuo intervento.

Perché insisto tanto sui punti centrali, sul fatto che siano tre o poco più, che siano pochi e ben strutturati? Perché almeno, creandoti un buono schema mentale da seguire, stringato ma efficace, potrai aiutare le persone a memorizzare i tuoi concetti in maniera facile e veloce. Il mio modo di lavorare è basato su parole chiave, perché questi sono i termini, i fondamenti dell'apprendimento rapido. Il mio corso di lettura veloce e apprendimento rapido si fonda sulle **mappe mentali**, un modo di schematizzare che ha il suo punto di forza nell'utilizzo di parole chiave.

Ti faccio un esempio. Nella pagina seguente vedi riprodotta la mappa mentale di uno dei miei corsi. Si tratta di una mappa basata sui pilastri della lettura veloce e apprendimento rapido che sottolinea l'importanza dei colori per far risaltare un concetto, collegare le idee e così via.

Ora, senza andare nel dettaglio, mi interessa che impari a sottolineare i tre o quattro punti più importanti del tuo discorso. In questo modo sarai in grado di riproporli in ogni occasione e, da public speaker, non li dimenticherai mai, li ricorderai perfettamente.

Io stesso non potrei memorizzare dieci/quindici punti chiave, perché sarebbero troppi, preferisco individuarne tre, ciascuno con i suoi sottorami - come vengono definiti nel linguaggio delle mappe mentali -, ovvero con i suoi sottoargomenti. Ad esempio, il pilastro del messaggio ha i suoi sottoargomenti che sono: "decollo", "volo" e "atterraggio".

A sua volta, il decollo, che è un sottoramo del messaggio, ha le sue specificità, ossia il "cosa", il "perché" e il "come"; e lo stesso vale per il volo e l'atterraggio. Aumentano le specificazioni, ma i punti chiave rimangono tre. Puoi decidere comunque di approfondire finché vuoi il tuo argomento, procedendo verso i sottorami.

Ma è una tua scelta. In differenti condizioni di tempo potrai decidere di esaurire i tuoi tre punti, magari solo accennandoli in pochissimi minuti. L'importante è che tu abbia un massimo di tre/quattro punti, non oltre, perché altrimenti rischi di dimenticarli tu per primo e di non far recepire bene il messaggio al tuo pubblico.

Sicuramente, nello scrivere questi punti, ti saranno venuti in mente uno o più episodi ad essi collegati. Magari di quella volta in cui hai messo in pratica questo o quel punto, o di esperienze ad essi legate. Sono storie che puoi senz'altro raccontare.

Io dico sempre che puoi sì raccontare storie lette sui libri o anche esperienze di vita di altre persone, ma se parli di te non fai alcun danno. Sii te stesso. Parla delle tue esperienze. Di certo coinvolgeranno ancora di più il tuo pubblico, perché, essendo tue, verranno narrate con maggior passione e partecipazione.

SEGRETO n. 31: uno strumento assai utile al formatore, per organizzare bene il suo discorso e non rischiare di dimenticare qualcosa, consiste nella costruzione di una serie di "mappe mentali".

Va bene fare un buon volo ma questo deve essere seguito anche da un buon atterraggio. Infatti non penso che ti piacerebbe seguitare a volare all'infinito senza mai arrivare a terra. Per realizzare un **atterraggio** delicato e dolce devi seguire tre punti chiave. Come vedi, i punti sono sempre tre.

I tre punti chiave nell'atterraggio sono: il **riepilogo**, l'**invito all'azione** e le **suggestioni**. Le suggestioni sono un'aggiunta della PNL che manca nella maggior parte dei libri, perché normalmente ci si concentra unicamente sul riepilogo e l'invito all'azione. Come ti accennavo poco fa, Bernard Shaw diceva:

«Nell'atterraggio ti dico quello che ti ho detto», cioè ti ripeto, ti riepilogo, ciò che ti ho appena detto nel volo.

In questo caso la cornice temporale è determinante perché, come immagini, in un corso di tre minuti sarebbe irrealizzabile, non faresti neanche in tempo a dirlo. Nel corso di un giorno, invece, io lo faccio sempre, così come nei video e nelle guide. Lo faccio sia perché i concetti si fissino meglio nella mente di chi ascolta, sia perché così potrai riorganizzare le idee e ricordarti da dove siamo partiti e dove siamo arrivati. Quindi, un riepilogo dalla prima prova all'ultima, facendo particolare attenzione, ovviamente, ai tre punti chiave.

SEGRETO n. 32: la prima cosa da fare per realizzare un buon atterraggio è un breve riepilogo dei vari argomenti trattati e/o delle prove effettuate durante il volo.

L'invito all'azione, poi, è importantissimo. Devi dire cosa fare e cosa ti aspetti che il pubblico faccia dopo il corso. Perché le persone cui stai parlando sono lì per te, per ascoltare le cose che dirai e che considerano interessanti. Quindi hanno bisogno di essere incanalate, devi indicar loro la rotta da seguire quando non saranno più di fronte a te e continueranno il loro percorso da sole.

Per cui devi dar loro una direzione, dicendo: «Oggi finisce il corso, ma è da domani che dovrete mettere in pratica tutto quello che abbiamo visto, altrimenti tutto il nostro percorso di oggi sarà completamente inutile. Se vuoi migliorare davvero le tue relazioni, dovrai focalizzarti sugli altri e…».

Quello che, da formatore, ti invito a fare è proseguire il tuo percorso leggendo libri sul public speaking e sulla comunicazione, seguendo un corso di comunicazione che è complementare a questo e parlando in pubblico ogni volta che ne avrai la possibilità, così da allenare, da approfondire tutti gli strumenti visti durante il corso. Questo può essere un ottimo invito all'azione per te.

SEGRETO n. 33: dopo aver riepilogato, è essenziale un buon invito all'azione, utile al formatore per dare una direzione, ovvero per indicare al suo pubblico cosa fare.

Cosa sono le **suggestioni**? Sono una serie di idee, di stimoli che noi possiamo trasmettere alle altre persone affinché rimangano ancora più soddisfatte e compiano delle azioni congruenti al messaggio dato, anche a distanza di tempo.

Ad esempio, posso dirti che, dopo aver chiuso la guida, visto che domani ti potrai trovare ad affrontare un pubblico, devi ricordare di tenere bene la postura, di fare un buon ponte sul futuro per sentirti più forte e sicuro di te stesso. Attraverso una suggestione ti do quasi un comando per far sì che, nel momento in cui ti troverai realmente nella situazione immaginata, ti possa comportare nel modo migliore. Ricorderai di creare un ponte sul futuro, di mantenere l'equilibrio, di avere la giusta postura.

Potrei darti altre suggestioni e dirti: «Più andrai avanti, più ti renderai conto di quanto la lettura di questa guida ti è stata utile, fino al punto che deciderai di partecipare a dei corsi». Questa è una suggestione con la quale ti invito, molto delicatamente, a provare un corso, perché è davvero utile.

Il bello è che lo facciamo già sia in termini positivi che negativi. Non c'è nulla di inventato dalla PNL. Spesso ho sentito persone dire ad altre persone cose incredibili, come ad esempio: «Mi raccomando, quando torni a casa non farti venire i soliti giramenti di testa perché altrimenti ti innervosisci ancora di più e ti senti male». Questa è una suggestione buona a far star male chi riceve il messaggio, ma è assai comune, in quanto parte del linguaggio corrente. È di gran lunga preferibile utilizzare le suggestioni in modo consapevole e mirato, affinché siano gradevoli per chi ci ascolta.

Ricorda che se sarai riuscito a creare sintonia con il tuo pubblico e avrai instaurato un rapporto di fiducia, questo recepirà di buon grado i suggerimenti e le suggestioni che vorrai proporgli e seguirà il tuo invito all'azione.

Di suggestioni puoi darne di ogni tipo, ma attento a come le esprimi. Persino il verbo che usi può essere valido o meno a seconda del suggerimento che stai dando. Infatti se dici: «Non *dimenticare* di fare questo», stai suggerendo al tuo pubblico di dimenticarlo, ed è una cosa molto negativa. Invece se dici:

«*Ricordati* questi tre punti», stai suggerendo di ricordarlo e va bene.

Fai attenzione anche all'uso del **non**, perché non viene percepito dal cervello, almeno al livello delle immagini mentali. Infatti se ti dico: «Non pensare a un elefante rosa», tu penserai a un elefante rosa e, nello stesso modo, se ti dico: «Non dimenticare di comprare il mio libro», dimenticherai di farlo. È controproducente. Poi ricordati di approfondire, sempre di più, tutto quello che ti piace.

SEGRETO n. 34: le suggestioni sono una serie di stimoli che il formatore, durante l'atterraggio, deve trasmettere al suo pubblico affinché rimanga soddisfatto e compia azioni congruenti anche a distanza di tempo.

Quello che dovrai fare per preparare la tua formazione è scrivere un buon atterraggio. Dopo aver scritto il decollo e le idee essenziali del tuo volo, scrivi un piccolo atterraggio, proporzionato al messaggio che hai dato sinora. Magari non ci sarà un riepilogo, forse non ci saranno neanche suggestioni, però fai un bell'invito all'azione. Per esempio: «Vi ho parlato di questo argomento perché voglio che voi usciate da qui e doniate cento euro ai poveri».

Quando fai formazione devi utilizzare un po' tutte le strategie di cui ti ho parlato in questa guida. La tua idea centrale potrebbe essere quella di aprire un dibattito su qualcosa. Se a un certo punto ti senti stressato, se hai un dubbio, fai una domanda e per un attimo ti scaricherai. Getta la tua scimmia, racconta una storiella, se ne hai una, o fai solo degli esempi di vita concreta, tua o che possa appartenere a tutti, per spiegare meglio il tuo concetto.

Fai anche un buon uso delle lavagne. Durante il corso in aula, io uso le mie lavagne nello stesso modo in cui uso i nested loops, ovvero le storie dentro storie. Una lavagna è dedicata agli argomenti principali, l'altra agli approfondimenti. All'interno del pilastro-messaggio vi sono una serie di punti: il decollo, il volo e l'atterraggio. All'interno del decollo, a sua volta, ci sono dei punti, all'interno di ciascuno di quei punti ci sono altri punti, come fossero storie dentro storie.

Questo anche per spiegarti meglio e farti capire cosa sono i nested loops, che possono apparire un po' strani ma che, alla fine, sono qualcosa di molto semplice. Si tratta solo di aprire una parentesi dentro l'altra. Molte persone lo fanno spontaneamente, a molti bravi comunicatori viene naturale e riescono a trasmettere tanti messaggi importanti.

È importante trasmettere i punti principali del tuo argomento e lasciare qualcosa di concreto a chi ti ascolta, a ciascuno dei componenti il tuo pubblico. Spero tu abbia la facoltà di trasmettere perché è straordinario per te ed è importante per chi ascolta.

L'essenziale è che quando parlerai in pubblico, di volta in volta, potrai riscontrare un enorme cambiamento e quindi un'enorme crescita rispetto alla prima esperienza da formatore, soprattutto in quello che tu trasmetti, che non sempre corrisponde a ciò che ti senti dentro. Anche se ti senti un po' agitato e stressato, vedrai che riuscirai a gestire meglio i tuoi stati d'animo e a non esternarli.

E a che cosa ti porta questo? Ti porta al risultato. La PNL tende molto al risultato. Se ti abitui a parlare in pubblico, lo fai più volte e ogni volta fai in modo di trasmettere sicurezza agli altri; questi ti vedranno sicuro e alla fine anche tu ti sentirai più sicuro.

Nel corso in aula è importante ascoltare il commento del formatore e soprattutto degli altri allievi che vogliono provare a migliorarsi. In particolare, da allievo, è fondamentale il confronto con i colleghi: l'insegnante potrebbe essere di parte e darti suggestioni per aiutarti; i colleghi sono sinceri e ti dicono sicuramente le cose come stanno.

Forse ad alcuni allievi sarà capitato, magari ascoltando un proprio collega di corso, di pensare quanto sembrasse sicuro. In realtà nessuno può sapere cosa realmente stesse provando, può darsi stesse morendo dalla tensione nonostante l'apparenza.

Se resti piantato per terra, trasmetti sicurezza. Se pure ti muovi e comunque trasmetti con congruenza e passione quei tre o quattro argomenti principali che ti sei preparato, va ugualmente bene, perché alla fine il *come* interessa molto più dei contenuti.

RIEPILOGO DEL GIORNO 3:

- SEGRETO n. 23: il primo passo che il formatore deve fare per attuare un buon decollo consiste nell'illustrare il "cosa", ovvero presentare se stesso e il corso.

- SEGRETO n. 24: nell'illustrare il "cosa" è importante che il formatore fornisca una cornice temporale, ovvero un contesto di tempo cronologico al suo corso.

- SEGRETO n. 25: spiegare il "perché" del proprio discorso, da parte del formatore, consiste nel mettere a confronto lo stato attuale e desiderato dal pubblico ed evidenziare, quindi, i benefici che, seguendo, si possono ottenere.

- SEGRETO n. 26: spiegando il "come", il formatore illustrerà al suo pubblico come intende strutturare la giornata o le giornate del suo corso.

- SEGRETO n. 27: l'anticipo delle altrui obiezioni è essenziale al formatore per bruciare sul nascere le osservazioni che già sa gli potranno essere mosse dal pubblico.

- SEGRETO n. 28: per attuare un buon volo, occorre avere un'idea centrale e organizzarla in tre o quattro punti importanti.

- SEGRETO n. 29: corredare il tuo discorso con storie e aneddoti ti aiuterà a far sì che il tuo pubblico ricordi con più efficacia i vari messaggi che hai voluto trasmettergli.

- SEGRETO n. 30: la tecnica dei "nested loops", anche detta "storie dentro storie", ti permette di far arrivare messaggi al tuo uditorio confezionandoli all'interno di una serie di storie concentriche.

- SEGRETO n. 31: uno strumento assai utile al formatore, per organizzare bene il suo discorso e non rischiare di dimenticare qualcosa, consiste nella costruzione di una serie di "mappe mentali".

- SEGRETO n. 32: la prima cosa da fare per realizzare un buon atterraggio è un breve riepilogo dei vari argomenti trattati e/o delle prove effettuate durante il volo.

- SEGRETO n. 33: dopo aver riepilogato, è essenziale un buon invito all'azione, utile al formatore per dare una direzione, ovvero per indicare al suo pubblico cosa fare.

- SEGRETO n. 34: le suggestioni sono una serie di stimoli che il formatore, durante l'atterraggio, deve trasmettere al suo pubblico affinché rimanga soddisfatto e compia azioni congruenti anche a distanza di tempo.

GIORNO 4:

Formare e Trasmettere la Visione

Nella mia esperienza di formatore mi sono trovato molte volte a lavorare in grandi aziende per la formazione del personale. Come imprenditore ho dovuto formare anche i membri del mio stesso team. È un lavoro tanto difficile quanto gratificante, perché più è elevata la sfida, più ci vuole competenza e determinazione per raggiunge un risultato eccellente.

In realtà certi concetti riguardano non solo le aziende, quindi team di collaboratori con a capo un manager a formarli e dirigerli, ma anche semplici gruppi di amici, nei quali c'è sempre un leader che spicca. Il principio rimane il medesimo.

In entrambi i casi, il vero formatore leader è colui che sa gestire il proprio team, che sa comunicare e sa farsi seguire. Questo accade non perché sia autoritario, ma perché è **autorevole**.

Tra i due termini c'è una differenza concettuale tanto importante quanto spesso trascurata. È autoritario colui che, magari, è titolare di una carica di un certo rilievo in un'azienda, come l'amministratore delegato o il capo delle risorse umane. La sua autorità è data dal ruolo, non dalle sue abilità comunicative né dalla leadership personale. Per questo non è detto che colui che ricopre il ruolo di manager, quindi di formatore di un gruppo, sia anche un vero leader.

La leadership è una qualità che può essere innata, ma che, nel caso in cui non si possegga, può anche essere imparata. Si acquisisce semplicemente studiando e modellando i grandi leader, in particolare i grandi team leader. Parleremo dunque di come studiare una persona di successo ed estrarne le strategie per poi diventare leader di noi stessi e di un grande gruppo.

Ti parlo di questo non solo partendo dalla mia esperienza di capo d'azienda nei confronti dei miei collaboratori, ma anche in base alla mia storia di formatore aziendale. Ho tenuto molti corsi al personale di tante aziende più o meno grandi, dalle dieci alle cento persone, e ho visto che in ogni caso, in ogni situazione, qualunque sia la base di partenza si possono ottenere grandissimi risultati con poche, semplici strategie.

Potrai capire come ciascuno di noi possa diventare un eccellente formatore, in grado di gestire o guidare un gruppo più o meno ampio. Capiremo come farlo senza essere autoritari ma con autorevolezza, essendo coerenti, congruenti con noi stessi, con i nostri valori e i nostri obiettivi.

SEGRETO n. 35: un formatore che sappia essere vero leader, sa gestire il proprio team in maniera non autoritaria ma autorevole, sapendo comunicare e facendosi seguire.

Io, ad esempio, in questi giorni sto ristrutturando casa e mi rendo conto di essere a capo di un team veramente sconclusionato composto dall'idraulico, dal muratore e dal pittore. Ti assicuro che è uno dei lavori più critici che abbia mai affrontato, perché mi trovo più in difficoltà con queste persone che con i cento e più dipendenti di una grande azienda. Il perché è semplice: non si tratta di un gruppo coeso e rodato. I componenti non si conoscevano tra loro prima di iniziare i lavori a casa mia, quindi non solo sono indipendenti, ma, peggio ancora, sono in concorrenza fra loro e fanno a gara a scaricarsi l'un l'altro le responsabilità.

Lo sai bene, se è capitato anche a te di affrontare lavori di ristrutturazione e di avere a che fare con certi personaggi. Il muratore dice: «No, non è colpa mia, stavo per intervenire sulla parete, quando mi sono accorto che il pittore l'aveva già dipinta e ora non ci posso fare più niente!» e il pittore replica: «Il muratore in questo punto non ha stuccato bene, quindi non posso dipingere», oppure afferma che la pittura è venuta male per colpa del lavoro, a suo dire non certo a regola d'arte, fatto dal muratore. L'idraulico fa lo stesso e protesta: «Questo rubinetto si muove perché il muratore non ha ben cementato i tubi!»

Di fatto sto portando avanti un impegnativo lavoro di formazione aziendale, perché è difficoltoso costruire un team di successo partendo da persone diverse e con lavori distinti, incapaci tra l'altro di assumersi delle responsabilità. In fin dei conti è più facile scaricare la colpa sugli altri, soprattutto quando c'è una forte rivalità.

Ho visto episodi di questo genere anche nelle grandi aziende. Il personale di base, gli operai, si lamentano del manager che, a loro dire, non li forma, non li segue e non dà loro obiettivi corretti. Il manager, a sua volta, dice che è colpa del personale se non riesce a svolgere correttamente il suo lavoro. Per cui è un passarsi la palla l'un l'altro che non porta a nulla, perché non permette di capire dove sia realmente il problema. Nella maggior parte dei casi, poi, vengo a scoprire che non è né da una parte né dall'altra; magari c'è solo un difetto di comunicazione.

SEGRETO n. 36: il buon formatore riesce a costruire un team di successo partendo da persone diverse e con lavori distinti.

Man mano che andremo avanti nella guida studieremo i vari livelli di analisi. Essi sono i medesimi sia che l'oggetto del nostro studio sia una persona, sia che si tratti di un'azienda o di un gruppo. In questo modo, grazie agli strumenti della PNL, ci sarà possibile individuare il problema in maniera semplice e veloce.

La PNL, negli anni, ha codificato i vari livelli, studiato le grandi aziende, i grandi leader e i grandi gruppi di successo per capire quali fossero le caratteristiche proprie di un team affermato. È esattamente quello che dovrebbe fare ogni buon team leader per far sì che anche il suo gruppo raggiunga buoni risultati.

Uno dei miei libri preferiti è *Leadership in pillole*, di Kenneth Blanchard e Marc Muchnick. Molto gradevole e snello, si legge veramente in mezz'ora. Narra della sfida tra la società creatrice della "pillola della leadership", una compressa magica che dona carisma di leader a chi la ingerisce, e un'altra società che, invece, risponde con un personaggio definito "il leader efficace", che sostiene di riuscire a trasformare, nell'arco di un anno, un team scarsissimo in uno di successo senza assumere alcuna pillola.

Secondo il "leader efficace", chi prende la pillola per acquisire il carisma mira esclusivamente ai risultati; al contrario, i veri leader, i formatori efficaci, hanno a cuore anche la stima dei propri collaboratori, che sanno conquistare. Passano i mesi e inizialmente, su diversi obiettivi, ha la meglio il leader creato dalla pillola magica, ma la sua leadership basata sull'autoritarismo e sulle imposizioni non potrà durare a lungo.

Al contrario, il "leader efficace" ha nel frattempo costruito ottime fondamenta assieme al suo team e, alla fine dell'anno, riesce a raggiungere risultati migliori rispetto all'altro. In quel momento l'industria delle pillole crolla in Borsa ma, ovviamente, il presidente non se ne cura e dice: «Bene, abbiamo trovato un nuovo modo di essere leader, seguiamo le regole del leader efficace, fondiamo una nuova regola e andiamo avanti». La sfida, quindi, è vinta dal "vero manager", ovvero il "leader efficace" che desidera realizzare la sua leadership con l'aiuto del suo gruppo.

La cosa importante da notare, però, è che il "leader efficace" riesce a dimostrare le sue teorie con la pratica. Ecco, la PNL, la Programmazione Neuro-Linguistica, è soprattutto pratica, perché impareremo, sì, delle teorie e delle strategie, ma le metteremo subito in pratica attraverso esercizi individuali e a coppie e giochi di ruolo. Lo faremo proprio perché la PNL non è una scienza nel senso comune del termine, non è una delle tante teorie: è pratica.

Per cui, se hai notato che un tuo amico è un bravo leader, un buon formatore, devi chiederti cosa fa per esserlo. Lo studi ed estrai la sua teoria. Puoi studiare chiunque ti interessi, prendere a modello qualunque persona ed estrarre da essa qualcosa di buono, qualcosa che funzioni. Questa è la base del modellamento, il nucleo della Programmazione Neuro-Linguistica.

SEGRETO n. 37: per diventare un buon formatore ti basta osservare attentamente qualcuno che conosci e che lo è, così da estrarre la sua strategia per riuscire in ciò che fa.

Le strategie di leadership che ne sono derivate seguono i tre pilastri della costruzione dei gruppi, ossia **guidare**, **allineare** e **formare**. Partiamo dal primo pilastro. In particolare, "guidare" significa condurre le persone verso la realizzazione di uno o più obiettivi comuni. Per farlo occorre essere congruenti, cioè allineati con noi stessi, affinché i nostri comportamenti siano rispondenti alla nostra missione e ai nostri valori.

Se, ad esempio, tu professi la PNL, la serenità, la felicità e affermi di essere un buon formatore, di avere determinati valori, ma nella tua vita fai poi tutto il contrario di ciò che dici, dimostri di essere del tutto incongruente. In questo modo rendi chiaro che i tuoi comportamenti non corrispondono ai tuoi valori, alla tua identità e alla tua missione.

Molti formatori si comportano in maniera incoerente. Ne ho visti tanti, non solo nel campo della formazione ma in qualsiasi settore. Ad esempio, il grande manager che pretende dai suoi dipendenti congruenza e allineamento e poi è il primo a comportarsi in modo contrario.

Il leader efficace del libro di Blanchard cosa fa? È in prima persona a contatto con i dipendenti, magari passa ore e ore a lavorare con l'operaio che fa il turno di notte per fargli sapere che vuole capire ciò che fa, le sue esigenze, le sue necessità e vuole essere a contatto con lui. Crea un filo diretto con le persone, indipendentemente dal numero. Non lo deve fare sempre, tutti i giorni o con tutti, ma già far vedere che lo fa una volta è molto importante, implica che è veramente e sinceramente interessato; poi si sparge voce.

SEGRETO n. 38: il formatore ha il compito di guidare, ovvero di indirizzare il suo gruppo verso una missione comune.

Nella maggior parte della aziende in cui ho lavorato ho rilevato un grande conflitto, dalla base della piramide ai vertici. Se mi chiedono una consulenza è segno che hanno un problema, o hanno bisogno di specificare e migliorare la propria missione per raggiungere obiettivi più alti e alzare gli standard.

Spesso devono "allineare" e formare, perché le persone vanno sì delegate, ma prima di tutto vanno formate. Se non fornisci la giusta formazione, se non rendi partecipi le persone rispetto a ciò che fai o hai intenzione di fare, si sentiranno distaccate e separate da te, non sarete un team unito. Quindi dovrai essere il primo, da leader, ad aiutarle, a formarle nella loro identità, nei loro valori, nelle loro convinzioni, oltre a fare una vera e propria formazione sulle capacità.

Spesso mi chiamano in azienda per fare corsi di vendita, corsi di comunicazione allo scopo di migliorare le abilità, le capacità comunicative del gruppo. Molte volte però mi accorgo, e lo vedremo dopo analizzando i livelli, che il problema non riguarda le capacità, ma un piano più alto, magari quello delle convinzioni.

Io posso insegnare a un venditore a vendere, ma se questo è convinto che il suo prodotto non è buono, che il suo ruolo in azienda non è ben riconosciuto o ci sono problemi con le autorità, con i formatori del gruppo, non venderà ugualmente con successo.

Per cui la prima cosa che faccio arrivando in azienda è un'analisi. Dico loro: «Bene, fermiamoci un attimo, siete sicuri che il problema riguardi la capacità dei venditori?» Analizzando insieme tutti i livelli riusciamo a capire qual è il vero intoppo. Può darsi sia quello, può darsi di no, però l'importante è fare un'analisi, e per farla ci vuole poco, molto meno di quello che i grandi vertici aziendali pensano, e lo vedremo.

Kenneth Blanchard, in un altro suo libro intitolato *Uno per tutti, tutti per uno*, che fa parte della collana sulla leadership e sui gruppi di successo *One minute manager*, narra un'altra favola bellissima, una metafora. È la storia di Alan, ottimo manager, grandissimo lavoratore e grande professionista, che dopo vent'anni di onorato servizio presso un'azienda un giorno viene convocato dal capo e licenziato su due piedi.

Alan non ci può credere, resta sconvolto, questa parola gli risuona in mente mentre replica: «Ma come, io lavoro benissimo e con scrupolo in questa azienda da più di vent'anni, ho sempre fatto il mio dovere!» Il capo risponde: «Sì, Alan, è vero, ma tu non sai lavorare in gruppo, sei come quei calciatori che, pur bravissimi, pretendono di giocare da soli, non passano mai la palla. Fanno il loro goal, magari diventano una figura riconoscibile, ma non è così che si comporta un leader.

Il vero capitano è quello che, invece, passa la palla, che crea il gruppo. Il lavoro di gruppo è molto più importante del lavoro del singolo; in questo momento noi, come azienda, dobbiamo crescere e per farlo dobbiamo mandare avanti il gruppo più che il singolo. Tu sei bravissimo, è vero, sei un professionista, ma purtroppo non sei in grado di adeguarti a questo e siamo costretti a rinunciare a te; ci costi troppo».

A questo punto Alan ha molto tempo libero e mentre cerca un altro lavoro si diletta a seguire, insieme a sua moglie, gli allenamenti di un gruppo di ragazzi che giocano a hockey. Gli allenatori sono amici della coppia e vedendo Alan interessato allo sport gli fanno una proposta: «Dai Alan, ora che hai un po' più di tempo libero, perché non vieni ad allenare la squadra assieme a noi? Passi un po' di tempo, fai un po' di chiacchiere, ci divertiamo e ti svaghi. Questo, infatti, non è il momento di pensare al lavoro, hai la fortuna di avere un minimo di autonomia finanziaria, goditi qualche mese di riposo, sfruttalo per aiutarci ad allenare questa squadra».

E così Alan intraprende questo nuovo hobby e inizia, insieme ai suoi due amici, ad allenare questi ragazzi che sono tutto tranne che una squadra. Sono assai individualisti, ognuno concentrato sulla propria gloria personale, nessuno passa la palla, tutti vogliono segnare, quindi hanno grandissimi problemi di gruppo. Io ricordo di essere stato un po' così ai tempi delle elementari. Nel giocare a pallone ognuno seguiva la palla per sé, tutti volevano segnare un goal. Però se non c'è squadra, se non c'è gruppo, specie in squadre sportive, la cosa non funziona, non si segna, non si vince. Se sei appassionato di calcio lo vedi, lo sai.

Pian piano, nel corso delle settimane e dei mesi, Alan e i suoi amici insegnano ai ragazzi a giocare in gruppo, cedendo un po' della propria gloria personale in nome del bene della squadra. L'acquisizione del senso di squadra, però, procede a rilento, fino a quando non accade l'imprevedibile. Uno dei ragazzi, un tale di nome Tom, si fa male durante un incontro, batte la testa e resta steso a terra esanime. I tre allenatori lo portano di corsa in ospedale in ambulanza e non appena arriva viene operato d'urgenza.

Fortunatamente finisce tutto bene, il chirurgo sale dalla sala operatoria e dice: «Tom è salvo, ora ha solo bisogno di un po' di riposo, lo potrete vedere dopo». Gli allenatori, a nome della squadra, replicano: «Grazie, lei è stato bravissimo, gli ha salvato la vita» e il chirurgo risponde: «Non ringraziate me, ma tutto il nostro team. Perché il merito non è solo mio, come chirurgo, ma di tutti coloro che hanno lavorato perché andasse tutto bene, da chi ha soccorso il ragazzo, all'ambulanza che lo ha portato immediatamente in ospedale, ai miei assistenti in sala. Qui siamo una squadra».

Alan e gli altri due allenatori rimangono stupiti da questa risposta e si dicono: «Questa è proprio l'idea di squadra che ci vuole per i nostri ragazzi!» Tornando da loro Alan li affronta e dice: «Ragazzi, Tom è fuori pericolo, adesso dobbiamo impegnarci al massimo, è per lui che dobbiamo vincere la coppa» e comincia a dar loro una missione, un obiettivo comune. I ragazzi accolgono con gioia l'idea e dicono: «Sì, per Tom la vinceremo!» e finalmente cominciano a diventare un gruppo.

Guidare concerne proprio questo, l'idea di avere un obiettivo comune. Quando, da formatore, hai una missione, un obiettivo comune al gruppo e da esso accettato, cominci a creare il gruppo stesso, perché le persone lavorano per arrivare a una stessa meta. Se, a casa mia, avessi scelto di bacchettare ognuno dei miei operai dicendo: «Smetti di dare la colpa all'altro e fai il tuo lavoro», forse avrei ottenuto comunque dei risultati, però non si sarebbe creato il gruppo, non avrei ottenuto la leadership, non avrei guidato, avrei semplicemente imposto: «Sono io il capo, sono io che vi pago, fate il lavoro». Ma non si sarebbe creato un buon rapporto.

Allora cosa ho fatto? Li ho presi tutti insieme e ho detto: «Ragazzi, qui dobbiamo creare una bella casa, io voglio che il lavoro sia fatto bene, so che siete tutti professionisti, quindi cerchiamo di lavorare insieme. Voglio che ognuno di voi, qui, dimostri di essere veramente bravo nel suo lavoro e di volere che questa casa venga bene».

In questo modo ho fissato un obiettivo comune che prima non avevano. Inizialmente ognuno perseguiva il singolo obiettivo di fare il lavoro e prendere i soldi, ora aveva l'obiettivo, comune, di creare una bella casa. Ciò che ha fatto la differenza è stato creare un obiettivo comune nel quale ciascuno di loro si è potuto ritrovare e riconoscere.

Allo stesso modo ciascuno dei ragazzi si è subito ritrovato nell'obiettivo di vincere la coppa per Tom, che si era impegnato e che purtroppo si era infortunato. È stato fondamentale aver fornito una missione comune in cui ciascuno di loro potesse ritrovare i propri obiettivi individuali.

Spesso nei libri sulla formazione aziendale, sui gruppi e sulla leadership si dice: «Fissate una missione, un obiettivo comune». Qual è il problema? Molte aziende fissano una missione, anche molto ambiziosa, però poi non la propagano, non fanno sì che qualunque dipendente si rispecchi in essa e si crea il problema della mancanza di allineamento. Se non sei allineato alla tua missione aziendale ti limiti a fare il tuo lavoro e a perseguire i tuoi obiettivi. Aspirerai ai soldi a fine mese, al riconoscimento del capo e dei colleghi, ciò che vuoi, ma non avrai una meta comune da perseguire.

Quindi non saprai precisamente dove stai andando, se non verso l'obiettivo individuale di fare il tuo lavoro e prendere lo stipendio. Invece è importante fissare un obiettivo comune e, come formatore, dire al tuo team: «Sì, tutti insieme lo dobbiamo raggiungere». Ti rendi conto che è un'altra cosa.

Vedremo quanto sia importante fissare un obiettivo ed essere allineati a quell'obiettivo. Innanzitutto è fondamentale che lo sia tu per primo, per poi poter fare formazione, allineando le persone con cui lavori, il tuo team, il tuo gruppo.

Torniamo ad Alan. La squadra di hockey comincia a impegnarsi sempre di più e a seguire con più fiducia i consigli degli allenatori. A un certo punto Alan ha un'idea brillante, quella di creare un inno della squadra. Il testo era nel complesso banale, una filastrocca con una serie di frasi in rima, ma riportava la missione del team: «Tutti per Tom vinceremo la coppa». Una canzoncina sciocca che però, cantata tutti insieme, incitava i ragazzi del gruppo a fare bene, li faceva sentire un gruppo mentre recitavano la loro missione.

Nel team dei coach i compiti erano ben distribuiti. Mentre i due allenatori tecnici si occupavano delle strategie di gioco e delle tecniche di pattinaggio, Alan era impegnato a creare il gruppo.

In questo modo, insegnando ai ragazzi, comincia a capire sulla propria pelle ciò che gli era mancato in azienda. Interessante. Come andrà a finire? Lo saprai solo alla fine.

SEGRETO n. 39: è fondamentale per un formatore allineare se stesso e il proprio gruppo, affinché tutti i componenti del team riconoscano e perseguano un medesimo obiettivo.

Anche "formare" il gruppo come tale è importante. Come ti dicevo, anche il team degli allenatori faceva un lavoro di squadra. Infatti, mentre Alan cementava un'identità di gruppo, gli altri due allenatori si occupavano di formare a livello tecnico i singoli componenti della squadra, insegnando a pattinare nel giusto modo, le strategie per segnare e per passarsi la palla.

Anche formando i singoli, però, cercavano di fare gruppo, ideavano strategie a questo scopo. Ad esempio dichiaravano: «Eleggeremo il migliore del gruppo in base ai passaggi effettuati». Quindi, in base a questo principio, il più bravo del gruppo non era più colui che segnava più goal ma quello che faceva più passaggi ai compagni. Con una semplice strategia si sono inventati un modo per spingere i ragazzi a lavorare insieme in maniera costruttiva, contenti di farlo.

Questa è la cosa più importante: non serve allineare il nostro gruppo se non è felice di essere allineato, se non vede realizzati i propri obiettivi nella missione comune, nell'obiettivo comune. Che siano loro a rendersene conto per primi è fondamentale.

È importantissimo avere un obiettivo comune. In particolare, agli operai che hanno lavorato in casa mia, ho detto: «Dovete riuscire a fare la casa più bella possibile, anche perché potrete raccontarlo a collaboratori e clienti e sarà per voi un onore e un piacere». Il problema iniziale che avevo avuto con il team dei miei operai era la mancanza di sintonia tra loro.

Il primo che avevo contattato era stato il muratore, di cui avevo accettato il preventivo. L'idraulico di fiducia che mi aveva proposto si era rivelato invece una vera catastrofe. Attraverso il muratore mi aveva fatto pervenire un preventivo da 11.000 euro. Una cifra decisamente alta!

Allora ho contattato direttamente l'idraulico e gli ho chiesto: «Mi puoi dettagliare i lavori che fai per 11.000 euro?» Lui ha replicato: «Allora, per fare l'impianto della caldaia 2000 euro, per rifare i bagni 3000 euro, l'impianto di condizionamento 3000 euro». Dopo un rapido calcolo ho detto: «2000, più 3000, più 3000 fa 8000. Come mai sei arrivato a 11.000?» Pausa di silenzio dall'altro capo del telefono.

Poi ha cominciato a farfugliare, ad arrampicarsi sugli specchi e, infine, ha tentato di imbastire una spiegazione inventandosi una serie di scuse pietose. Al che mi è sembrato giusto chiudere la conversazione dicendo: «Va bene, grazie lo stesso, ti farò sapere».

Ho chiamato il mio amico muratore e gli ho detto: «Ma chi mi hai mandato? L'idraulico che mi hai consigliato non mi ha neanche saputo giustificare il prezzo! Evidentemente aveva arrotondato la cifra verso l'alto sperando di trovare un pollo, ma si è sbagliato ed è rimasto a casa, perdendo un lavoro da 8000 euro, per rubarmi 3000 euro. Se è così che lavora un professionista...».

Così, alla fine, ho scelto un altro idraulico molto più onesto e preciso. A questo punto si poneva subito un problema abbastanza difficile da risolvere, il muratore che avevo scelto era abituato a lavorare con l'idraulico che avevo scartato e si lamentava di non avere alcuna sintonia con il nuovo.

Mi ha spiegato che, dovendo coordinare i lavori di tutti gli altri componenti del team di ristrutturazione, gli era difficile farlo con un idraulico che aveva anche dei lavori esterni. Poteva succedere che quest'ultimo, nel momento del bisogno, imponesse un'attesa di tre/quattro giorni per terminare un suo lavoro, fermando in questo modo il lavoro di tutti gli altri.

Insomma, una storia infinita che, magari, anche tu conosci. Fatto sta che ogni scusa era buona per litigare e darsi addosso. Ad esempio l'idraulico doveva attaccare il water al muro e obiettava: «No, non posso attaccarlo a filo muro perché le mura sono storte, il muratore ha messo male le mattonelle». Io l'ho preso da parte e gli ho detto: «Visto che sei un professionista, anche se il muro è storto trova un modo per sistemarmelo bene».

Il risultato è stato che alla fine l'ha messo ugualmente a filo muro anche se, a suo dire, le mura erano storte. La maggior parte delle volte sono scuse, si danno addosso per gioco, per abitudine, però se diamo una nuova mentalità, se forniamo un obiettivo comune alle persone, saranno focalizzate a raggiungerlo, tanto più se rispecchia gli obiettivi individuali, che siano denaro, riconoscimenti o qualsiasi altra cosa.

All'idraulico ho detto: «Se ti coordini bene con il muratore finirete entrambi presto, prenderete i soldi prima; io sarò contento, voi sarete contenti e forse vi consiglierò anche a qualcuno». In realtà non so se lo farò mai, perché secondo me non hanno lavorato a regola d'arte, ma almeno l'incentivo è servito per trasmettere loro il concetto e farli procedere in maniera più coordinata e celere.

Quindi, dai un obiettivo comune e fai che questo contenga e soddisfi gli obiettivi individuali di ognuno. Questa idea è quanto di più tralasciato e dimenticato nei libri e nei corsi di leadership, tranne nella Programmazione Neuro-Linguistica, che va sempre molto nel dettaglio per evidenziare le piccole differenze che fanno la differenza. Tutte le aziende in cui ho lavorato soffrivano di questo difetto. Pur avendo una missione, questa non era vissuta, non era sentita dagli individui, dalle singole persone del team. Gli obiettivi individuali erano troppo dissimili dalla missione, o non erano conciliabili con essa.

Guidare significa fornire un obiettivo comune. Il leader, il capitano, il formatore non è uno che si impone, ma solo uno che coordina e aiuta a lavorare meglio. Individua una missione, indica l'indirizzo da seguire ed è il primo a comportarsi in maniera congruente, dando il buon esempio al gruppo.

Sentirsi un gruppo è essenziale per lavorare bene. Questo è ciò che dobbiamo far capire alle persone con cui lavoriamo, ai nostri amici e alla nostra famiglia. Abbiamo una missione e tutti assieme dobbiamo andare verso quella direzione, fianco a fianco, con gli stessi valori, in modo tale che ognuno di noi trovi nell'obiettivo comune la soddisfazione dei propri obiettivi individuali. In tal modo avremo un'azienda migliore e vedremo soddisfatte le aspettative comuni e individuali del team. Questo è davvero fondamentale.

SEGRETO n. 40: formare ogni singolo lavoratore e l'intero gruppo nel suo complesso è compito primario del formatore.

La missione, o mission, come la definiscono gli americani e come è denominata in molti testi, è il nostro obiettivo personale o professionale, lo scopo della vita o dell'azienda. Per fare un esempio, la missione della nostra azienda è quella di diffondere la PNL a quante più persone possibili, perché sappiamo quanto funziona e quanto può aiutare, sostenere e far crescere.

Sappiamo inoltre che, se facciamo un buon lavoro, queste persone parleranno bene di noi e diffonderanno ancora di più il nostro messaggio. Lo facciamo con corsi in aula, con videocorsi, con libri ed ebook, con lezioni gratuite su internet, in tutti i modi che conosciamo e che sappiamo essere efficaci.

Tu, come tutti gli altri, hai nella vita, come nell'azienda, una tua missione. La maggior parte delle aziende ha una sua missione scritta, mentre le persone normalmente non ce l'hanno, non ci hanno mai pensato e, comunque, non l'hanno mai scritta. Questo è il problema di tanti ragazzi e giovani che escono dalle scuole o anche dalle università senza sapere cosa fare, sperando di trovare un lavoro e di non rimanere disoccupati. Certo, questa speranza non è un obiettivo ben formulato; "non essere disoccupato" non è una missione per cui vivere, della quale appassionarsi.

Ora ti propongo un esercizio. Tra poco individuerai la tua missione, o più che altro la abbozzerai, perché non pretendo che nei dieci minuti previsti per l'esercizio tu possa descriverla in maniera compiuta. Per ora basta un abbozzo, cominciare a pensarci, a diventarne consapevole. Poi, col tempo, potrai ampliarla.

In dieci minuti potrai scrivere sei/sette/dieci righe, mezza pagina, una pagina, in seguito aggiungerai tutto ciò che ti viene in mente, tutto il possibile. Quanto più è dettagliata, quanto più è specificata, meglio è, perché aiuterà il cervello a sintonizzarsi, a programmarsi nell'andare verso quella direzione.

Nel momento in cui hai chiara la tua missione, se il tuo obiettivo è ben definito, saprai dove andare; è molto semplice. Se sai che oggi sei qui e domani vuoi essere lì, perché quella è la tua missione, hai una direzione precisa da seguire. Una persona che non sa qual è il suo obiettivo, qual è la sua missione, non ha un punto di riferimento, quindi non sa quale direzione prendere ed è facile, in questo caso, che si lasci traviare da qualche amicizia sbagliata.

Anthony Robbins, grande formatore motivazionale, dice che se tu non hai fatto un piano per la tua vita qualcuno ti includerà nei suoi piani. È molto semplice: avere chiaro lo scopo della propria vita è la cosa più importante. Ho lavorato, per esempio, con un'azienda immobiliare che aveva una missione bellissima, scritta nell'ufficio del grande leader; ma era solo apparenza, serviva per far vedere al cliente che l'azienda, forse per prima in Italia, aveva un obiettivo scritto. Peccato, però, che non lo conoscesse nessun altro al di fuori di lui e di chi gliel'aveva scritto.

Tant'è che quando io ho provato a vendere casa e ho affidato a loro la pratica, non ci sono minimamente riusciti. Bravissimi a conquistare me ma scarsissimi nel conquistare i clienti, perché non c'era assolutamente allineamento tra la loro missione e il loro comportamento.

Ho parlato con una mia allieva che fa l'agente immobiliare e che, al contrario, ha un grande allineamento con la missione aziendale. Infatti mi ha detto: «Quando vado in giro, io sono la mia azienda. Magari sono l'ultima ruota del carro, ma ho un mio ruolo e agli occhi del cliente io la rappresento». Ebbene, questo è un tipo di dipendente che vorrei avere nella mia azienda, una persona che sente di essere l'azienda, quando si propone. Questo è il massimo dell'allineamento che io conosca.

Solo quando si è allineati all'identità, alla missione aziendale, la si può rappresentare con efficacia. Questo significa aver chiara la missione, l'obiettivo verso il quale si sta andando. Ovviamente, quando lavori in questo modo, trovi spazio per i tuoi obiettivi individuali. Ti senti riconosciuto perché, comunque, fai parte dell'azienda, c'è qualcosa di più forte dello stipendio mensile che ti spinge a fare bene.

Un'altra testimonianza in questo senso mi arriva da una mia amica, formatrice in PNL, che lavora per un'importante azienda di jeans e che mi dice: «Io sono l'azienda». Si sente un tutt'uno con la sua azienda e, infatti, parlando dice: «Noi siamo questo, abbiamo avuto quest'idea, attualmente abbiamo questa posizione sul mercato». "Noi", non "loro". Non dice: «Sai, in quest'azienda, sì, sono posizionati bene», piuttosto dice: «Noi siamo posizionati bene».

Nello stesso modo, quando io parlo della PNL dico: «Noi, in PNL, abbiamo scoperto che il ricalco funziona bene, che per essere realmente leader bisogna avere una missione chiara». Mi esprimo così perché mi sento parte di un gruppo, anche se la PNL non è un'azienda ed è un gruppo solo a livello ideale. In ogni caso resta un "noi".

Quando ti capita di parlare con le persone, fai caso alle parole che usano, perché potrai capire moltissime cose. Ti renderai conto se veramente rappresentano o meno l'azienda, comprenderai quale sia il loro modo di lavorare e non solo. Se senti un "noi", probabilmente quell'azienda lavora bene, quella persona sta lavorando bene e quindi, è probabile, ti potrai affidare con maggiore fiducia.

ESERCIZIO: scrivi la risposta a queste domande.

Qual è lo scopo della tua vita o della tua azienda?

____

____

____

Qual è il tuo scopo nel diventare formatore?

____

____

____

Scrivere la tua missione e le tue motivazioni può essere utile per immedesimarti meglio nell'idea. A questo scopo è opportuno seguire un consiglio che danno molti autorevoli personaggi della formazione, quali Dale Carnegie e altri: «Immagina di andare avanti nella tua vita, di essere già arrivato all'età di cento anni e di guardarti indietro. Cosa vorresti aver concluso nella tua vita?

Magari ti sei dedicato completamente al lavoro e all'accumulare denaro, sei sì ricchissimo, ma non hai più una famiglia, tua moglie è scappata, i figli ti odiano, non hai amici... questo è quello che vuoi? Forse no. Pensaci prima, pensaci fino a che sei in tempo, pensaci fino a che sei nel presente».

Altri consigliano di scrivere il proprio epitaffio, ossia la scritta commemorativa che appare sulla tomba. A me, ad esempio, piacerebbe ci fosse scritto: «Colui che ha diffuso la PNL in Italia e ha aiutato moltissime persone a crescere». Perché no? È un'idea, un modo di pensare alla propria missione. Può aiutare a immedesimarsi meglio nel futuro per vedere con chiarezza il proprio passato, ciò che abbiamo combinato nella vita.

Io dico sempre ai miei allievi: «Prima di salire la scala del successo, verificate che sia appoggiata alla parete giusta». Magari ti dai tanto da fare nella vita, raggiungi tutti i tuoi obiettivi e poi ti accorgi che non era quello che volevi. Meglio accorgersene prima, sei d'accordo?

A questo proposito si narra un'altra storiella carina: quella di un messicano che vive la sua vita tranquillo su un'isoletta. Si alza tardi la mattina, va a pescare, si diverte a farlo, prende dei pesci con cui sfama la famiglia, poi nel pomeriggio si occupa dei figli, gioca con loro e infine, la sera, va con gli amici a prendere una birra. La sua vita, quindi, scorre serena e tranquilla.

Un giorno giunge sull'isola un motoscafo. Un americano in giacca e cravatta (anche sul motoscafo!) scende, conosce il messicano e gli chiede: «Ciao, che fai?» Il messicano risponde: «Sto pescando, guarda che bel pesce, lo sto portando alla mia famiglia.» «E quanto tempo hai impiegato per pescarlo?» «Mah… più o meno una mezz'oretta.» «Ma, scusa, fermati a pescare qualche ora in più, così prenderai più pesce, lo rivenderai al mercato e comincerai a fare anche un po' di soldi.» «No, non mi serve, già con questo sfamo la famiglia».

«Sì, ma se metti da parte un po' di soldi, potrai arrivare a comprare un peschereccio». «Ah, davvero? Un peschereccio!» «Potrai pescare molto più pesce, tantissimo! Lo rivenderai al mercato e farai un sacco di soldi, talmente tanti che potrai comprare dieci pescherecci, una flotta di pescherecci!»

«Davvero? E poi che succederà?» «Con tutti questi pescherecci, potrai aprire una multinazionale del pesce, esporterai in tutto il mondo e diventerai ricco, addirittura miliardario!» «E quanto ci vorrà per tutto questo?» «Cinque-dieci-venti anni, dipenderà poi dal tuo impegno, dalla tua situazione economica.» «E poi?» «E poi finalmente sarai ricco e sai cosa farai? Ti ritirerai su una bella isoletta, con la tua famiglia, ti alzerai tardi, andrai a pescare, giocherai con i nipotini e la sera andrai a prendere una birra con gli amici.» «Ah, bello, interessante!»

Qual è la questione? Che se non abbiamo chiara la nostra missione, i valori che vogliamo soddisfare nel corso della vita, non ci accorgiamo di aver già raggiunto il nostro obiettivo e viviamo insoddisfatti senza motivo. L'americano pensa che il messicano si debba sforzare, debba lavorare per arrivare ad ottenere ciò che desidera. Magari l'idea è anche buona, da buon imprenditore, ma alla fine a che risultato porterebbe? A far tornare il messicano nella situazione in cui già si trova e che lo rende felice.

Molte persone si comportano così. Volendo soddisfare i propri valori dicono: «Voglio una sicurezza economica e voglio lavorare». Ma se poi il lavoro li costringe a vivere una vita che non amano e li priva di quella serenità e quella sicurezza che avevano conquistato, stanno lavorando per niente.

Se hai guardato il mio videocorso *Ricchezza* ricorderai di avermi visto trattare le tematiche inerenti a come diventare ricchi mantenendo propri spazi personali di evasione e soddisfazione, in modo che tutti i propri valori vengano soddisfatti.

È importante pensarci prima, se non vogliamo arrivare alla fine della vita senza amici, senza famiglia e senza aver soddisfatto nessuno dei nostri valori. Magari, sì, verremo ricordati come dei grandi lavoratori, ma alla fine chi se ne importa! Ecco, questa è l'idea. Pensiamo a quali sono i nostri valori, qual è la nostra missione e cerchiamo di realizzarla con comportamenti coerenti, allineati ad essa.

Se il tuo valore, la tua missione è raggiungere la felicità e la serenità con la tua famiglia e poi lavori dalla mattina alla sera per sfamarla, sei allineato con i tuoi valori? No, tutt'altro: non sei né sereno, né tranquillo, né sicuro. Certo, stai lavorando per la tua famiglia, ma la stai aiutando veramente? Tua moglie, forse, non preferirebbe averti a casa più spesso? I bambini non preferirebbero avere un padre più presente?

Quindi devi fare attenzione e verificare se il modo in cui spendi il tempo è veramente qualcosa che rispecchia la tua missione e i tuoi valori. Presta la massima attenzione a questo aspetto.

Si racconta, ad esempio, che Thomas Edison, l'inventore della lampadina, abbia fatto più di diecimila tentativi prima di arrivare alla prima accensione. Ogni volta che provava, qualcosa non funzionava; ma aveva talmente chiaro il suo obiettivo, la sua missione, ossia l'invenzione della lampadina, che niente avrebbe potuto farlo desistere dal provarci ancora una volta. Non smetteva di tentare, anche se la gente non faceva che dirgli: «Hai sbagliato ancora? Lascia perdere!»

Anche Walt Disney aveva una visione molto chiara della propria missione: creare un parco giochi, un parco di divertimenti dove potessero affluire tutti i ragazzi e godere di tante attrazioni tutte assieme. Disney ha girato a lungo alla ricerca di un finanziamento, in moltissimi casi non ha avuto successo, molte banche, circa trecento, gli hanno risposto negativamente.

Spesso vengono da me clienti in sessione di coaching abbattuti, delusi, perché hanno grandi obiettivi e non riescono a trovare una banca che li finanzi. Io chiedo: «Bene, a quante banche hai chiesto?» «Una: la mia».

Ecco, il problema è proprio qui: ricorda che Walt Disney ha chiesto a duecentonovantanove banche prima di ricevere un sì dalla trecentesima! Le prime duecentonovantanove avevano stroncato la sua idea ritenendo impossibile creare, con qualche speranza di successo, un parco con ingresso a pagamento e, all'interno, attrazioni gratuite. Alcuni decenni fa, infatti, era un'idea rivoluzionaria, di assoluta rottura con il passato. La storia, l'attualità ci dimostra che poi la cosa ha funzionato e anche molto bene.

Finalmente, come ti dicevo, alla trecentesima banca ha trovato un direttore disposto a investire sulla sua idea, a credere in lui. Walt Disney con i soldi del finanziamento ha iniziato i lavori del parco, ma purtroppo si è spento prima di poter vedere compiuto il suo sogno.

All'inaugurazione in sua rappresentanza c'era il fratello, al quale un giornalista disse: «Certo è un vero peccato che Walt Disney non veda l'inaugurazione del suo parco!» Egli replicò: «Lui l'ha vista molto prima di noi. L'ha vista nella sua mente». Questo è il senso dell'avere chiara una visione. La visione altro non è se non la rappresentazione visiva della propria missione.

Tempo fa sono stato a Orlando, in Florida, per seguire un corso per formatori di Richard Bandler e, ovviamente, non mi sono lasciato sfuggire la possibilità di fare un salto ai vari parchi giochi. Orlando, infatti, ne è il regno e hanno un grandissimo successo, tant'è vero che per accedere si creano delle file assurde. Ora, poi, hanno introdotto dei controlli di sicurezza molto severi; prendono addirittura le impronte digitali… Anche se può sembrare esagerata una procedura del genere per andare a vedere

Topolino, tuttavia il parco funziona ottimamente. Quindi l'idea di Walt Disney si è rivelata vincente.

SEGRETO n. 41: la missione, o mission, è il principale obiettivo personale o professionale di ognuno, lo scopo della propria vita o azienda. Nel momento in cui la missione è chiara e l'obiettivo definito, sai dove andare.

Tutto sta nell'avere chiara la propria missione. Se lo scopo della mia vita è diffondere la PNL, avere tante relazioni e creare una famiglia felice, in che modo lo vedo realizzato? Immagino me stesso e mia moglie con dei bambini, oppure mi vedo a capo di una fiorente azienda, con tantissime persone che leggono i miei libri e ne sono soddisfatti. La maggior parte delle aziende di successo ha sia la missione che la visione. Sono simili: la visione non è che una traduzione in immagini della missione, è basata sui sensi più che sullo scrivere.

Come formatore hai il compito di trasmettere una visione a chi ti ascolta. Hai mai scritto, hai mai pensato alla tua visione? Probabilmente non l'hai mai immaginata riferita all'intera tua vita, forse ti sei concentrato su singoli obiettivi. Il vedere già realizzato l'obiettivo voluto è qualcosa che ci proietta nel futuro e ci aiuta moltissimo ad arrivare al successo in ciò che vogliamo.

Purtroppo sono poche le persone che lo fanno. La maggior parte non si cimenta in questo esercizio perché non sa quanto sarebbe aiutata nel farlo. Tu pensi tra te e te: «Il mio obiettivo è tra un anno? Mi vedo mentre già l'ho raggiunto, wow, che bello!» In questo modo hai la possibilità di godere da subito delle sensazioni che scaturiscono dall'aver raggiunto l'obiettivo. Funziona perché il cervello sente questo compiacimento e si programma a raggiungere meglio e con maggior efficacia quell'obiettivo. Quindi è importantissimo avere chiara la missione.

In che modo si chiarisce la visione? Vi sono una serie di domande che ora ti elencherò, che aiutano a esplicitare al meglio la propria missione e a chiarirla a se stessi. "Chiarire" è il termine più giusto, visto che si parla di visione.

Ma passiamo ai vari aspetti della visione. **Come la vedi realizzata?** Se la tua missione riguarda il lavoro, che immagini ti fai? Chi sei? Sei uno dei collaboratori? Sei tu il formatore? Sei tu il capo? Sei tu il leader? Hai cento persone intorno? Cosa vedi? Potresti rispondermi che vedi un gruppo di successo, onestà, trasparenza e buona comunicazione tra le persone. Oppure, se la tua è una missione personale, concentrata sulla tua famiglia, cosa vedi? Dei bambini? Perché ti piace tanto questa immagine? Potresti dirmi che ti piace perché vedi allegria e affiatamento.

Cosa non deve mancare? In questa immagine non vorrei assolutamente che mancassero allegria e divertimento. Nella mia vita voglio vedere persone felici, voglio vedere me stesso felice e divertito.

Cosa c'è di straordinario? Cosa rende questa immagine veramente straordinaria? Qual è quel tocco in più, il valore aggiunto in questa idea, in questa visione, in questa missione? Vedere persone felici perché hanno raggiunto i propri obiettivi di crescita personale, questo è straordinario.

Come vuoi cambiare il presente? Quindi, cosa vuoi fare oggi perché questa visione si realizzi? Perché, se non agiamo, non arriviamo da nessuna parte. Come vuoi cambiare il presente? Cosa sei disposto a fare per cambiare il presente e raggiungere quella direzione, quella visione, quella missione? Cosa è disposto a fare ognuno dei componenti del nostro gruppo per arrivare al risultato? Infatti non solo tu come formatore, ma tutto il gruppo deve essere disposto ad agire con comportamenti coerenti alla direzione comune.

Voglio dimostrartelo attraverso la trascrizione di un esercizio eseguito in aula, durante un mio corso.

****

GIACOMO: Valerio, che ha ben chiara la sua missione, ci aiuterà a dimostrare l'esercizio. È vero? Ce l'hai chiara?

VALERIO: Sì.

GIACOMO: Bene, e verificheremo anche la sua visione, quindi in che modo la sua missione si traduce in concretezza, in immagini mentali. Ci parlerà delle caratteristiche che deve avere questa immagine, questa sua visione in generale. Ci vuoi dire, intanto, qual è la tua missione?

VALERIO: La mia missione, perlomeno attuale, non della mia vita, è essere in tutto e per tutto un **formatore** in PNL.

GIACOMO: Bene, essere in tutto e per tutto un formatore in PNL. Ora, se tu arrivassi improvvisamente ai cento anni e ti guardassi indietro…

VALERIO: Sì.

GIACOMO: Sei diventato un formatore, hai fatto il formatore, sei formatore... Questo ti rende soddisfatto?

VALERIO: Sì.

GIACOMO: Hai contribuito in qualche modo al benessere degli altri?

VALERIO: Sicuramente sì.

GIACOMO: Hai soddisfatto i tuoi bisogni e i tuoi obiettivi?

VALERIO: Sì.

GIACOMO: Quindi potrebbe anche essere la missione della tua vita, ovviamente nell'aspetto professionale che, però, ha delle implicazioni anche in tutto il resto.

VALERIO: Sì.

GIACOMO: Bene, adesso gli facciamo tutte le domande previste, una per una. Data la tua missione, di essere un formatore in PNL, come la vedi realizzata, che immagini ti crei? Quindi, qual è la tua visione?

VALERIO: Mi vedo dietro una scrivania tipo questa e sono insieme ad altra gente, non so chi esattamente. Tutti sorridono, io compreso, sono vestito elegantemente e ho una lavagna a destra e una a sinistra.

GIACOMO: Quindi, fondamentalmente, ti vedi in un'aula.

VALERIO: Sì.

GIACOMO: In questa situazione, per te l'essere formatore si svolge qui, anche qui.

VALERIO: Sì.

GIACOMO: Ti vedi dietro?

VALERIO: Sì.

GIACOMO: Che stai a fare dietro? Un buon formatore deve stare davanti, questo viene spiegato nei corsi di public speaking. Come mai stai dietro?

VALERIO: In realtà mi vedo più realizzato a fine corso, riesco a spiegarmi?

GIACOMO: A fine corso, quando tutti sono felici e contenti.

VALERIO: Sì, e vengono da me a complimentarsi.

GIACOMO: E vengono da te a congratularsi.

VALERIO: Sì.

GIACOMO: Va bene, è la sua visione. Ovviamente ognuno ha una visione differente come spero ce l'abbia ognuno di voi; in particolare, lui traduce la sua in questo modo. Quindi mi hai già detto con chi, con il pubblico, con i partecipanti che si congratulano. Cosa ti piace di più in questa immagine?

VALERIO: Il mio sorriso.

GIACOMO: Il tuo sorriso.

VALERIO: Sì.

GIACOMO: È una cosa che ti colpisce molto?

VALERIO: Sì.

GIACOMO: Perché ti piace?

VALERIO: Perché è molto luminoso.

GIACOMO: Notate che, tra l'altro, nel descrivere la sua visione usa un termine visivo. Descrivendo le sue immagini mentali ci dice che vede se stesso sorridere e che il suo sorriso è luminoso. Tutto quadra, ogni cosa è coerente. Cosa non deve assolutamente mancare?

VALERIO: Oltre al sorriso?

GIACOMO: Oltre al sorriso e a tutto quello che già mi hai descritto...

VALERIO: Beh, le persone che sono lì, altrimenti che senso avrebbe il mio impegno? Ecco, come dire? Non avrebbe validità.

GIACOMO: Quindi, se non ci fossero le persone...

VALERIO: Non ci sarebbe la conferma del raggiungimento del mio obiettivo.

GIACOMO: Va bene, questa è la sua visione, la sua immagine. Quindi la visione di un gruppo di persone attorno a lui, che a fine corso si congratulano per la sua capacità di formatore, gli conferma di aver raggiunto il suo obiettivo, la sua missione. Cosa c'è di straordinario in questa immagine, in questa visione?

VALERIO: Non saprei. Forse la felicità del gruppo nel suo insieme?

GIACOMO: La felicità del gruppo? È una domanda?

VALERIO: No, è una certezza, te lo confermo.

GIACOMO: Bene, la felicità del gruppo. Poi che altro?

VALERIO: Anche la mia felicità.

GIACOMO: Anche la tua? Va bene. Quindi la felicità tua e la felicità del gruppo. Perché sai che se hai dato loro il massimo hai raggiunto il tuo obiettivo e al tempo stesso loro, nel recepirlo, hanno raggiunto i loro singoli obiettivi. Che è altrettanto importante.

VALERIO: Sì.

GIACOMO: Come vuoi cambiare il presente, cioè il tuo stato attuale, per raggiungere il tuo stato desiderato, cioè la tua missione?

VALERIO: In generale ho fatto molti cambiamenti... nel mio presente, nel passato...

GIACOMO: Hai fatto molti cambiamenti... oggi continui a frequentare i miei corsi e domani, dopodomani e nei prossimi giorni, settimane e mesi?

VALERIO: Continuerò a studiare e a frequentare i tuoi corsi...

GIACOMO: Studiare, frequentare i miei corsi... e poi?

VALERIO: Guardare filmati, studiare la gente... insomma, ecco, giocare un po' con la materia...

GIACOMO: Benissimo, in modo da essere sempre più...

VALERIO: Un bravo ed efficace formatore in PNL.

GIACOMO: Un bravo ed efficace formatore in PNL. Vuoi aggiungere qualcos'altro? Ti viene in mente qualcos'altro riguardo a questa visione?

VALERIO: No, niente di particolare.

GIACOMO: Ti piace così?

VALERIO: Sì, sì.

GIACOMO: Va bene, facciamogli un applauso.

****

Ti sarai reso conto che è molto facile rispondere a queste domande e ciò offre uno spunto veramente importante al tuo cervello, gli comunica un messaggio molto chiaro: questa è la mia missione, questo è il modo in cui la interpreto e la percepisco nella mia visione, l'ho scritta e ne ho parlato anche con un'altra persona. Il che mi fa quasi prendere un impegno con me stesso.

Perché nel momento in cui cominci a scrivere e a parlare con gli altri di quello che vuoi, diventa più vero, più concreto il tuo obiettivo. È come se esistesse un maggiore grado di verità, l'obiettivo diventa più credibile per il tuo cervello. Se l'hai scritto e l'hai detto significa che lo vuoi veramente, quindi ti programmi a raggiungerlo.

SEGRETO n. 42: la visione non è che la traduzione della missione in immagini mentali.

Questo è ciò che devi fare ora che hai fissato la tua missione e l'hai tradotta nella tua visione, che potrebbe essere una missione/visione aziendale o personale. Mettiamo il caso che tu abbia un'azienda; hai scritto la missione aziendale e la visione della missione. Ora da formatore è il caso che lo comunichi anche agli altri componenti del team. Devi far sì che tutti, te compreso, vi allineiate a questa missione.

RIEPILOGO DEL GIORNO 4:

- SEGRETO n. 35: un formatore che sappia essere vero leader, sa gestire il proprio team in maniera non autoritaria ma autorevole, sapendo comunicare e facendosi seguire.

- SEGRETO n. 36: il buon formatore riesce a costruire un team di successo partendo da persone diverse e con lavori distinti.

- SEGRETO n. 37: per diventare un buon formatore ti basta osservare attentamente qualcuno che conosci e che lo è, così da estrarre la sua strategia per riuscire in ciò che fa.

- SEGRETO n. 38: il formatore ha il compito di guidare, ovvero di indirizzare il suo gruppo verso una missione comune.

- SEGRETO n. 39: è fondamentale per un formatore allineare se stesso e il proprio gruppo, affinché tutti i componenti del team riconoscano e perseguano un medesimo obiettivo.

- SEGRETO n. 40: formare ogni singolo lavoratore e l'intero gruppo nel suo complesso è compito primario del formatore.

- SEGRETO n. 41: la missione, o mission, è il principale obiettivo personale o professionale di ognuno, lo scopo della propria vita o azienda. Nel momento in cui la missione è chiara e l'obiettivo definito, sai dove andare.

- SEGRETO n. 42: la visione non è che la traduzione della missione in immagini mentali.

GIORNO 5:
Allineare agli stessi Obiettivi

Il formatore deve essere in grado di allineare i componenti del suo team, facendo sì che siano coerenti, congruenti al cento per cento con l'obiettivo stabilito. Al tempo stesso deve essere lui per primo allineato. Ciò vuol dire che deve fare ciò che "predica", che i suoi comportamenti devono rispecchiare i suoi valori, la sua identità e la sua missione.

Quindi non solo deve avere la capacità di esplicitare la sua missione e di comunicarla al team con cui lavora, ma deve anche essere il primo a dare il buon esempio. Non so quante volte mi è capitato di lavorare come formatore per aziende con missione scritta, chiara e facile da ricordare ma conosciuta solo dai manager, ossia dai vertici aziendali, e non dai dipendenti, quindi non condivisa dal gruppo.

Questo esempio di incoerenza è la cosa peggiore che si possa trasmettere al proprio gruppo, perché non ci si fida particolarmente di chi non vive secondo i propri valori. Immagino tu conosca tante persone incoerenti e certo non sono quelle cui ti affideresti più facilmente, che sia un negoziante, un amico o un parente.

Le persone incoerenti non piacciono, non ispirano fiducia, non creano rapport, come si dice in PNL. Per cui, come formatore, devi essere il primo a vivere con coerenza i tuoi valori.

SEGRETO n. 43: un buon formatore deve essere in grado di allineare i componenti del suo team, facendoli sentire coerenti e congruenti al cento per cento con l'obiettivo del gruppo.

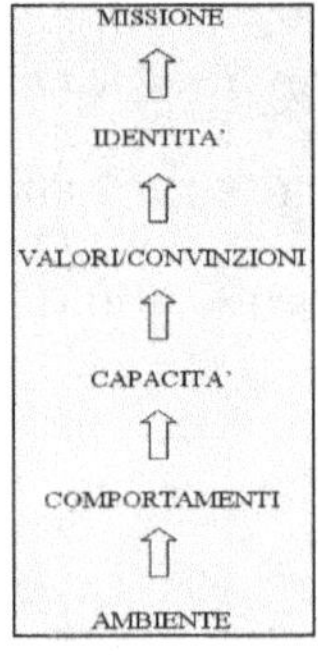

Un ottimo espediente per migliorare questa abilità consiste nel far riferimento ai **livelli logici** teorizzati da Robert Dilts, uno dei maggiori esponenti della Programmazione Neuro-Linguistica. Dilts ha scritto decine di libri, è un autore dall'approccio molto tecnico, molto dettagliato. Grazie al suo modello siamo in grado di analizzare una persona, un'azienda, un gruppo su diversi livelli.

Partendo dall'ultimo, l'**ambiente**, potresti chiederti: «In che ambiente lavoro? In che ambiente lavora il mio gruppo?»

Un gradino più su, arrivi ai **comportamenti**; in questo caso ti chiederai: «Quali comportamenti adotto? Cosa faccio per raggiungere il mio obiettivo?» Ancora, risalendo, arrivi alle **capacità**: «Quali capacità ho? Quali abilità possiedo? Quali capacità hanno le persone con cui lavoro, i componenti del mio gruppo? I miei venditori sanno vendere?»

Quando mi chiamano in azienda per fare un corso di vendita mi chiedono di lavorare a livello di capacità dei venditori, quindi di formare delle capacità, ma io spesso replico: «Siete sicuri che il problema non sia più facile da risolvere?» Potrebbe trattarsi semplicemente di una difficoltà ambientale. Magari i venditori dell'azienda lavorano male perché sistemati in un ambiente troppo stretto o senza aria condizionata. Quindi o sono a disagio perché, essendo troppo vicini, non riescono a concentrarsi sulla propria telefonata, oppure perché, a causa della temperatura troppo bassa, hanno mal di testa.

Ancora, mi è capitato di rendermi conto che il problema consistesse nel fatto che vi erano poche linee telefoniche a disposizione, o peggio ancora che i computer non funzionavano a dovere o che i database erano poco aggiornati, per cui venivano chiamate due volte le stesse persone e le vendite non andavano a buon fine.

Una mia amica ha lavorato in una palestra come segretaria e le è capitato di imbattersi in un gran caos. Per Natale i vertici aziendali hanno deciso di realizzare una campagna di marketing a tappeto e le hanno chiesto di inviare lettere e fare telefonate a tutti i clienti che non si erano più iscritti per cercare di riportarli all'ovile.

Purtroppo il programma del database funzionava male e per questo ha chiamato per due volte, se non di più, moltissime persone, anche quelle che avevano detto: «No, grazie, non sono interessato». Con ciò voglio dirti che puoi formare quanto vuoi gli addetti al telemarketing, ma se l'azienda non ha computer funzionanti e database moderni ed efficienti, non arriverai a nulla di buono.

Attraverso la mia esperienza, ho capito che spesso si tratta semplicemente di un problema di ordine ambientale oppure comportamentale. I venditori, magari, sanno vendere, ma non interessa loro farlo. Per questo, raramente prendono il telefono in mano, effettuando dieci contatti al giorno invece di venti.

Oppure, effettivamente, è un problema di abilità. Non hanno la capacità di vendere, non hanno mai fatto corsi e in questo caso il corso di formazione è opportuno. Ad ogni modo è sempre necessario, preventivamente, mettere in atto un'analisi. Non fa perdere tempo: lo fa risparmiare. Magari la situazione si può risolvere acquistando un computer nuovo, aggiornando un programma o creando condizioni climatiche e logistiche più favorevoli.

SEGRETO n. 44: nel caso il gruppo si trovi in difficoltà è bene che il formatore analizzi i problemi partendo dai livelli

più esterni del modello dei livelli logici, ovvero "ambiente", "comportamenti" e "capacità".

Al contrario, se il problema è a livello di **convinzioni e valori** dei dipendenti è davvero grave. Finora, infatti, ci siamo concentrati sui livelli inferiori che riguardano l'ambiente, i comportamenti e le capacità, e quindi contesti per così dire di superficie. I tre livelli superiori, tra cui quello delle convinzioni e dei valori, vanno invece in profondità, al nucleo stesso dell'azienda.

Se ti rendi conto di lavorare in un buon ambiente, con postazioni ben strutturate, aria condizionata regolata con criterio e computer funzionanti, in assenza di altri problemi fai efficacemente il tuo lavoro. Se, viceversa, pur essendo un buon venditore, avendo esperienza ed essendo preparato, non hai fiducia nel prodotto che vendi, in qualche modo lo trasmetterai ai tuoi clienti, che se ne accorgeranno e non lo compreranno. Ti porrai in un certo modo che è diverso da quello in cui ti porresti se avessi la convinzione che il tuo prodotto è il migliore.

A questo proposito la PNL ha fatto uno studio ed è risultato che una delle convinzioni fondamentali, comune a tutti i venditori di successo, è quella di essere certi di vendere il miglior prodotto possibile. Se pensi che il tuo prodotto sia il migliore, in qualche modo lo trasmetterai e riuscirai a venderlo.

Ciò vuol dire che se tu hai una buona convinzione, questa farà sì che gli ultimi tre livelli non abbiano più tanta importanza. Forse non sei bravissimo a vendere (capacità); forse non ti alzi tutti le mattine e fai cento telefonate (comportamenti); forse il computer non è aggiornato (ambiente); ma se sei assolutamente convinto che il tuo prodotto sia valido lo venderai di più in ogni caso. Quindi, una buona convinzione può sopperire a mancanze nei livelli inferiori. Mai viceversa.

Mi è capitato, in alcune mie sessioni di coaching, di lavorare con persone che pur avendo avuto ottime occasioni non le hanno colte. Se per caso sei un venditore e ti trovi nella situazione ambientale più favorevole a vendere il tuo prodotto (ambiente), ti accorgi che è l'occasione della tua vita ma non agisci di conseguenza (comportamenti), non raggiungerai l'obiettivo e perderai una grande opportunità. Oppure, sì, ti dai da fare (comportamenti) ma ti manca la capacità di portare a termine una buona vendita (capacità): ugualmente non arriverai a nulla. Ma la partita si gioca soprattutto sui primi tre livelli, in primo luogo sulle convinzioni e i valori.

Perché convinzioni e valori sono sullo stesso livello? Non riuscendo a capirlo, ho girato la domanda a Robert Dilts in persona durante un suo corso. In quell'occasione mi chiedevo: «Il modello a livelli l'ha creato lui, ha a sua disposizione tanti spazi, perché non ha messo convinzioni e valori su due livelli distinti?» La sua risposta è stata che si tratta in entrambi i casi di motivazioni che ci spingono ad agire e per questo occupano un unico livello.

Quindi, che tu agisca perché credi che una cosa sia vera (convinzioni), o perché quello per te è un valore importante (valori), si tratta sempre di una motivazione ad agire. Per cui al posto di convinzioni/valori Dilts avrebbe potuto scrivere "motivazioni", da suddividere poi in convinzioni e valori e da porre comunque sullo stesso livello. Se sei convinto di qualcosa, o se per te quel qualcosa rappresenta un valore, riuscirai ad ottenere dei risultati.

Esiste un corso completamente incentrato sulle convinzioni, quello di motivazione, nell'ambito del quale questi meccanismi vengono esplicitati al massimo. La convinzione può fare veramente la differenza in un'azienda. Se un venditore non è convinto del suo prodotto, non riuscirà a vendere. Per lo stesso principio, se un formatore pensa di non riuscire a instaurare un buon rapporto con il proprio gruppo, non ce la farà.

Se il gruppo dei dipendenti è convinto che al manager non interessi nulla della loro situazione o si interessi solo degli affari suoi non cercherà neanche di avvicinarsi a lui e viceversa. Se il manager non crede nei dipendenti non farà nulla per aiutarli.

In America sono stati fatti diversi esperimenti sull'insegnamento e sulla formazione. Uno di questi aveva come oggetto due distinti gruppi di studenti affidati a due diversi insegnanti. Tuttavia, ai fini dell'esperimento, si sarebbe potuto trattare anche di un solo insegnante con due classi distinte. Gli organizzatori hanno detto al primo insegnante: «Il tuo gruppo è composto da geni che si danno da fare e studiano moltissimo», e al secondo: «Il tuo gruppo è formato da ragazzi scarsi, che non si danno da fare, non studiano». Queste asserzioni, nell'uno come nell'altro caso, non erano vere. Il condizionamento psicologico degli organizzatori aveva l'obiettivo di trasmettere le diverse convinzioni ai due insegnanti.

Cosa è successo? Che a fine anno scolastico i ragazzi definiti "geni" lo erano diventati davvero, perché la convinzione era stata loro trasmessa dall'insegnante che, credendoli tali, riteneva impossibile che potessero non capire. Egli diceva: «Se non capiscono la colpa non può che essere mia», quindi rispiegava la lezione fino a che non capivano.

Al contrario, i ragazzi definiti come "scarsi", erano davvero divenuti carenti in più di una materia, perché, anche in questo caso, erano stati condizionati dalla convinzione del secondo insegnante che pensava: «Questi ragazzi sono scarsi, non si impegnano, non ci arrivano, perciò è inutile che mi affatichi a spiegare più volte una stessa cosa, andiamo avanti». Quindi, alla fine, il secondo gruppo di ragazzi è rimasto davvero indietro, non perché fossero realmente scarsi, ma a causa dell'errata convinzione dell'insegnante.

A chi non è capitato, durante gli anni della scuola, di vivere di rendita se si andava bene o, al contrario, di continuare ad avere difficoltà se si andava male? Si capisce, perché al di là della capacità effettiva nel primo caso si era etichettati dall'insegnante come bravi, quindi si procedeva come tali, nel secondo caso come scarsi e non si riusciva a svincolarsi da questa situazione.

Io ero tra i fortunati che vivevano di rendita, quindi studiavo tanto e bene, soprattutto nel primo periodo della scuola. In questo modo mi creavo una dignità di "bravo" che mi aiutava per il resto dell'anno scolastico. Quando andavo male, capitava anche a me, mi davano sei o sei meno ma mai l'insufficienza, mentre quando andavo bene, otto o nove. Il mio amico che invece si era creato una reputazione di "scarso", di studente che si dava poco da fare, quando andava bene prendeva sei, sei e mezzo, quando andava male, quattro.

Cambia il range, il parametro di valutazione usato. Sì, può darsi fosse anche vero che studiava meno di me, ma il condizionamento pesava comunque molto sui giudizi finali.

È così. Le convinzioni ci sono, ne abbiamo tante, su di noi, sulla vita, sul gruppo o sull'azienda, sono fondamentali e si trasmettono. Quindi tu puoi avere un'azienda, ma se non credi nella tua struttura, nel prodotto e nei collaboratori che hai, non andrai avanti più di tanto. Puoi aver speso tanti soldi in formazione, spingere i tuoi collaboratori all'azione, avere un ambiente bellissimo, una struttura stupenda, ma, se non funziona, sei destinato a fallire.

I valori sono la medesima cosa, ossia sempre una motivazione che ci spinge ad agire. Ognuno può conoscere più o meno i propri valori, spesso nessuno li conosce fino in fondo anche perché non vengono scritti né messi in ordine. Al contrario alcune aziende lo fanno, chiedendosi quali siano e fissandoli.

Ad esempio, per molte aziende la qualità è un importantissimo valore. Alla Mercedes è successo che un'autovettura della "Classe

A" abbia avuto un incidente in fase di testing. La cosa ha avuto risonanza mondiale e la Mercedes, in nome della qualità che la caratterizza, ha deciso di ritirare dal mercato tutte le "Classe A" in vendita, perdendo milioni di euro. Se non lo avesse fatto avrebbe perso molto di più, ossia la credibilità presso i propri clienti, che avrebbero smesso di vedere il marchio dell'azienda come sinonimo di prodotti di grande affidabilità.

Quando si hanno chiari i propri valori ci si comporta di conseguenza. Ecco un esempio di buon allineamento. La Mercedes ha dimostrato di conoscere i propri valori e la propria identità e di avere comportamenti congruenti ad essi.

Se questi sono i valori, il comportamento non è che una conseguenza, non c'è neanche da pensarci. Il sacrificio finanziario era inevitabile se si voleva mantenere un alto standard di qualità. La perdita altrimenti sarebbe stata ben più importante: c'era in gioco la credibilità presso i propri clienti. Si è trattato di un comportamento congruente con i valori: ecco perché la Mercedes è ad altissimi livelli come azienda produttrice di autovetture. Il livello convinzioni/valori è importantissimo.

SEGRETO n. 45: convinzioni e valori, nella scala dei livelli logici, si situano insieme al terzo posto, in quanto si tratta in entrambi i casi di motivazioni che ci spingono ad agire.

L'**identità**, che è il secondo livello, è ancora più importante delle convinzioni. Tu puoi non credere di essere il miglior venditore sulla piazza, ma se ti senti un venditore nell'intimo ti comporterai da tale e, prima o poi, ti convincerai di esserlo e di far bene il tuo lavoro.

Ti faccio un altro esempio più semplice. Ho fatto formazione a una persona che voleva smettere di fumare. Ebbene, finché non abbiamo toccato il livello dell'identità non è riuscita a farlo. Infatti chi smette di fumare, o meglio, chi tenta di smettere di fumare su quale livello lavora? Ovviamente a livello di comportamenti, sbagliando. Dice a se stesso: «Da oggi non fumo più; da oggi fumo cinque sigarette invece di trenta», oppure: «Basta, prendo il pacchetto e lo butto».

Smette di fumare, sì, ma quanto dura? Un giorno? Una settimana? Un mese? C'è chi ci riesce, ma non è questa la strada migliore per la maggior parte delle persone. Perché non basta limitare i propri comportamenti se si è ancora persuasi che fumare rilassi e faccia star bene.

Fino a che si è convinti di essere fumatori, si sarà sempre tali. Per cui puoi decidere di smettere, di interrompere l'istinto di portare la sigaretta alla bocca (comportamenti), ma prima o poi ricomincerai e continuerai fino a che non arriverai a cambiare la tua identità, il tuo nucleo.

Stesso discorso per chi si mette a dieta. Anche in questo caso cade in errore in quanto, come prima cosa, lavora a livello di comportamenti: «Da oggi smetto di mangiare dolci! Mangio 80 grammi di pasta invece che 150». Si limita nei comportamenti, ma intanto pensa: «Io sono convinto che i dolci mi piacciono e mi fanno star bene. Sono convinto che un bel piatto di amatriciana da 150 grammi sia molto buono e, visto che è l'ora di pranzo, ne sono ancora più convinto». Fino a che il cambiamento non avviene a livello di identità, lavorare a livello di comportamenti non funzionerà, non durerà.

Chi ha una crisi di identità cambia tutta la sua vita. Questo è successo, ad esempio, ad Anthony Robbins. Era ingrassato moltissimo, abitava in un posto minuscolo e non aveva più una lira. Ha continuato a vivere così finché non ha toccato il fondo, ma a quel punto si è detto: «Basta, da oggi cambio, sarò un'altra persona, adotterò nuovi standard, nuove convinzioni e nuovi valori. Il resto non sarà che una conseguenza del mio atteggiamento». Ed è iniziata la sua risalita.

Quando hai chiaro il tuo nucleo e la tua missione, il resto è una conseguenza. Quando hai una motivazione abbastanza forte, un "perché" abbastanza forte, il "come" lo troverai certamente. Questo concetto è molto importante.

A questo proposito, ricordi l'esempio del mio allievo? Nel dire di voler essere formatore in PNL parlava di identità, non di un comportamento. Infatti non mi ha detto genericamente: «Voglio fare formazione», mi ha detto: «Voglio **essere** un formatore in PNL». Poi il fatto che si troverà in un'aula, che i suoi allievi saranno soddisfatti degli insegnamenti ricevuti e lo applaudiranno, non sono che conseguenze. Nel frattempo studierà, migliorerà le sue capacità (capacità) e frequenterà persone che condividono i suoi stessi interessi (ambiente), ma non sono altro che conseguenze derivanti dalla sua identità.

Quindi la direzione è sempre dall'alto verso il basso, è il nucleo che influenza i livelli esterni. Immagina il nucleo come le radici di un albero e i livelli esterni come le sue foglie.

Ma vale anche il contrario? Cioè, è possibile cambiare un comportamento e poi, di conseguenza, cambiare identità e convinzioni? È possibile, però ci vuole moltissimo tempo. Ad esempio il servizio militare funziona così. Chi l'ha fatto sa che se per un anno ti condizionano a fare determinate cose come tenere un fucile in mano, fare la guardia, non dormire, vestire da militare, cantare gli inni e stare sull'attenti. Alla fine, forse, un valore un po' più alto del patriottismo o un'identità più forte da soldato li si sente.

Ma quanto ci vuole? E quanto è faticoso? Tanto. Chi te lo fa fare? Nessuno. La PNL è la scienza dell'efficacia e ci insegna che una strategia, per essere efficace, deve essere veloce, fattibile e semplice. Robbins dice che il cambiamento o avviene subito o non avviene e lo stesso concetto ci è confermato da Bandler che dice: «Per curare una fobia ci vogliono cinque minuti, o ci riesci in quei cinque minuti o non funziona. Se ce la fai in dieci anni è perché, in realtà, l'hai curata negli ultimi cinque minuti di quei dieci anni».

È così, perché il cervello è veloce. Come velocemente ha imparato ad avere paura che un cane morda, altrettanto velocemente può eliminare quell'associazione. Il cambiamento è veloce e deve avvenire a livello di identità per avere effetti a livello di comportamenti.

SEGRETO n. 46: l'identità, che occupa il secondo posto nella scala dei livelli logici, corrisponde alla visione che ognuno ha di se stesso, quindi al proprio nucleo.

Arriviamo al primo livello: **spirito e missione**. Cosa intendo per spirito? Lo spirito si identifica un po' con la missione. È l'idea, il valore finale, e non si identifica necessariamente con lo spirito come concetto religioso. Spesso capita che qualcuno mi chieda:

«Il concetto di spirito, in questo caso, richiama un concetto religioso?» Io rispondo che sì, può anche rimandare all'idea di aver fede in qualcosa, ma può anche semplicemente identificarsi con la propria missione, l'ideale informatore, un ideale massimo e ultimo della propria vita o azienda.

Lo spirito è la parte più elevata della singola persona rispetto alla propria identità o a quella dell'azienda. Questo è un esercizio che può essere fatto anche in contesti separati, prima per sé e poi per la propria azienda. Tu puoi dire: «Io sono il formatore e questa è la mia azienda, cioè il gruppo cui appartengo», quindi un livello più alto rispetto alla singola identità.

Noi parleremo di spirito intendendolo come missione, quella che hai scritto prima, ovvero la tua missione e visione, il tuo ideale ultimo di vita personale o aziendale, nel caso abbia un'azienda.

SEGRETO n. 47: il primo dei sei livelli, spirito e missione, è l'ideale massimo e ultimo della propria vita o azienda.

Una volta individuati i vari livelli, è fondamentale allinearli attraverso il **processo di allineamento**. Questo è un esercizio che va benissimo sia a livello individuale che di gruppo di lavoro. Nel primo caso è rivolto a te come singolo e ti serve per acquisire leadership personale. Fissi la tua missione e poi allinei, ossia adegui tutto il resto.

Nel secondo caso è rivolto a te come manager di un'azienda. Dunque, una volta fissata la **missione** aziendale (primo livello), attribuisci all'azienda un'**identità** (identità), dei **valori** e delle **convinzioni** (valori e convinzioni). Decidi cosa fa (**comportamenti**), che tipo di formazione fornisce (**capacità**), in quali ambienti opera (**ambienti**), qual è il target, ovvero il pubblico cui è destinato il prodotto.

Questo esercizio viene fatto per allineare tutto il team. Io lo faccio soprattutto quando vado in azienda a fare formazione aziendale e corsi di leadership. Su di una lavagna scrivo in grande "missione" e, a seguire, la missione dell'azienda. Poi "identità" e, a seguire, l'identità dell'azienda e così via. Alla fine avrò creato sei pagine, una per livello. A questo punto le devo riempire e per farlo chiederò ad ogni componente del team di fornirmi informazioni relative alla propria posizione aziendale e di esprimere le proprie idee, mentre io registro il tutto.

Ad esempio, potrei chiedere: «In quale ambiente lavorate?» Qualcuno mi dirà: «Lavoro in magazzino». «Lavoro in ufficio…» e, intanto, riempio la lavagna relativa all'ambiente. Poi chiedo: «Che comportamenti adottate? Cosa fate in pratica?» «Io mi occupo di spedizioni». «Io mi occupo di imballaggio». «Io mi occupo di telefonare ai clienti» e riempio un'altra lavagna, quella relativa ai comportamenti.

Poi passo alle capacità e chiedo: «Che capacità avete?» «Io so vendere». «Io mi occupo della contabilità» e metto insieme tutte le capacità. Ancora: «Che convinzioni avete? Che valori? Che identità? Qual è la vostra missione personale?» e scrivo le varie risposte.

Questo lavoro serve per allineare sia le persone sia i loro obiettivi, ovvero le singole missioni individuali a quella aziendale. Si tratta, quindi, di un doppio processo.

In genere, dopo aver compilato ogni foglio, lo strappo e lo fisso al muro con lo scotch perché resti in evidenza con tutte le risposte fornite dal gruppo. A fine formazione, quindi, avrò costruito, con l'aiuto del personale aziendale, una serie di tracce essenziali per procedere all'esercizio di allineamento.

Passiamo ora alla trascrizione di una dimostrazione sull'esercizio di allineamento svolta in aula.

****

GIACOMO: Ora Letizia ci dimostrerà l'esercizio di allineamento. Hai scritto la tua missione?

LETIZIA: Sì.

GIACOMO: Immagina che di fronte a te ci sia una linea e su questa linea i sei livelli. Abbiamo l'ambiente, i comportamenti, le capacità, le convinzioni e i valori, l'identità e la missione. Ora concentrati sulla tua missione e, per cominciare, posizionati sul livello del tuo ambiente.

LETIZIA: Sì.

GIACOMO: In che ambiente sei? In che ambiente raggiungi la tua missione?

LETIZIA: Nell'ambiente in cui lavoro attualmente.

GIACOMO: Bene, che tipo di ambiente è?

LETIZIA: È un ambiente del campo immobiliare.

GIACOMO: Campo immobiliare. Lavori in un ufficio?

LETIZIA: Per il momento lavoro in un ufficio, sono impiegata.

GIACOMO: Ufficio, scrivania, questo è il tuo ambiente. Ora noi faremo l'allineamento del presente, dello stato attuale. In questo momento lavori in un ufficio e hai una certa missione, un certo obiettivo. In questo ambiente ti trovi bene?

LETIZIA: Sì, mi trovo bene.

GIACOMO: Pensi di poter raggiungere la tua missione?

LETIZIA: Con l'aiuto di qualcuno, non da sola, ce la posso fare.

GIACOMO: Anche a partire da questo ambiente.

LETIZIA: Sì.

GIACOMO: Allora, fai un passo avanti ed entra nei comportamenti. Attualmente cosa fai?

LETIZIA: A livello pratico?

GIACOMO: A livello pratico, sì, le attività quotidiane.

LETIZIA: Registro la contabilità, faccio i giri in banca, ho qualche contatto con i fornitori.

GIACOMO: In che modo queste tue attività ti avvicinano alla tua missione?

LETIZIA: Mi avvicinano alla mia missione perché ho molti contatti con quello che è l'attuale capo dell'azienda, quindi può darmi dei suggerimenti per migliorare e, un giorno, arrivare magari vicino a lui o dove è lui.

GIACOMO: Quindi, in qualche modo, queste semplici attività, anche di tutti i giorni, ti avvicinano alla missione. Bene, fa' un passo avanti: capacità. Quali capacità hai in questo settore? Quali di queste abilità potranno aiutarti a raggiungere il tuo obiettivo?

LETIZIA: A livello di conoscenze o capacità attuali?

GIACOMO: Tutto. Capacità interiori, conoscenze, risorse… tutto ciò che ti viene in mente.

LETIZIA: Sicuramente la buona volontà e tantissima voglia di imparare e di trasmettere questo mio atteggiamento. Infine conta molto anche il carisma.

GIACOMO: Sei carismatica?

LETIZIA: Sì, sono carismatica.

GIACOMO: Quali altre capacità hai?

LETIZIA: Beh, sicuramente quelle che ho nel mio settore, quindi a livello contabile.

GIACOMO: Quindi capacità tecniche.

LETIZIA: Tecniche, sì.

GIACOMO: A livello di comunicazione?

LETIZIA: Assolutamente sì. So destreggiarmi piuttosto bene nei rapporti con i fornitori e i bancari. Sono tutte abilità che possiedo.

GIACOMO: Anche perché con tutti i corsi che hai seguito, vorrei ben vedere che non fosse così!

LETIZIA: Sì, vorrei ben vedere!

GIACOMO: Ne hai tanta di capacità. Bene, un passo in avanti, convinzioni e valori. Che convinzioni hai che ti possono avvicinare e che, nei fatti, ti avvicineranno alla tua missione?

LETIZIA: La convinzione di riuscire bene nel mio settore si basa sul fatto che so di avere le capacità adatte per poter svolgere egregiamente le attività attualmente di competenza del nostro capo d'azienda. Tra l'altro, anche se non è bello dirlo, sta invecchiando e sarebbe necessario un ricambio generazionale! Una delle prime cose che farei, trovandomi in quella posizione, sarebbe dare un nuovo assetto all'organigramma aziendale. Infatti la mia visione della distribuzione dei vari ruoli all'interno del gruppo è ben diversa.

GIACOMO: Bene. Le convinzioni su te stessa?

LETIZIA: La tenacia prima di tutto e la voglia di arrivare che ho sempre avuto. Perché ho sempre studiato qualsiasi cosa, mi piace imparare, quindi metterlo in pratica e arrivare.

GIACOMO: Valori? Quali sono i tuoi valori?

LETIZIA: Agire molto con il cuore, non solamente con la mente. Poi ci sono i miei valori personali, in primo luogo la famiglia, che per me è un punto di riferimento molto importante.

GIACOMO: Pensi che questi valori ti aiuteranno a raggiungere la tua missione nell'ambito del tuo lavoro?

LETIZIA: Sicuramente, perché li metto sempre e comunque prima di tutto il resto.

GIACOMO: Benissimo, benissimo. Un altro passo in avanti: l'identità. Chi sei tu?

LETIZIA: Una persona che vorrebbe migliorare alcune cose, non solo per se stessa…

GIACOMO: Vorrebbe?

LETIZIA: Voglio migliorare alcune cose, non solo per me stessa.

GIACOMO: Altro?

LETIZIA: Mi piace motivare le persone che vedo in difficoltà in un dato momento.

GIACOMO: Questo ti avvicina alla tua missione?

LETIZIA: Mi avvicina non solo alla mia attuale missione ma anche a un altro obiettivo che ho in mente ma che, al momento, è un po' teorico.

GIACOMO: Va bene, un altro passo. Entra nella tua missione, nel tuo lato spirituale più alto. Questa tua missione ce la vuoi dire?

LETIZIA: La missione è che voglio diventare capo d'azienda.

GIACOMO: Bene, diventare capo d'azienda.

LETIZIA: E non solo.

GIACOMO: E quello che hai visto sinora, l'ambiente in cui lavori, i tuoi comportamenti, le tue attività, le tue capacità, le convinzioni, i valori e le identità, sono in direzione di questa missione?

LETIZIA: Sono coerenti, molto.

GIACOMO: Sono coerenti, quindi ti senti già allineata.

LETIZIA: Sì, sì.

GIACOMO: Adesso rifaremo lo stesso percorso a passi indietro. Quindi, porta con te la tua missione, guardala come l'hai vista prima, crea la tua visione, traducila in immagini e riportala di nuovo sui livelli. Fai un passo indietro. Adesso sei di nuovo nell'identità, quello che hai visto nella tua missione. Portalo dentro. Fai sì che questo possa migliorare e allineare ancora di più la tua identità, quello che sei, per andare in quella direzione.

Arriviamo alle convinzioni. Porta la tua missione, la tua identità, a livello di convinzioni, per convinzioni ancora più potenzianti, ancor più allineate, che ti aiutino. Lo stesso per i valori, che siano i più giusti per raggiungere quell'obiettivo e quell'identità.

LETIZIA: Ok, ci sono.

GIACOMO: Arriviamo alle capacità. Pensa a tutte le capacità che già hai e a tutte quelle che puoi acquisire per raggiungere quell'obiettivo, quello che hai sentito finora. Immagina di avere dentro di te ancor più capacità, più risorse. Guardate la fisiologia come cambia, com'è cambiato il respiro e anche il sorriso.

Ora fai un passo indietro, siamo ai tuoi comportamenti. Adeguati a tutto ciò che hai visto, perché è importante che ci sia congruenza. Hai dichiarato di essere già molto congruente, già allineata. Cerca di esserlo ancora di più. È facile decidere quando conosci bene i tuoi valori, quando sai chi sei, quando sai qual è la tua missione. Ti capita un'occasione? Sai già decidere perché sai chi sei, conosci i tuoi valori, sei allineata e quindi vai in quella direzione. I tuoi comportamenti devono essere adeguati e allineati alla tua missione.

LETIZIA: Ok.

GIACOMO: L'ambiente. Secondo ciò che mi hai detto, il tuo ambiente di lavoro rispecchia già ora la tua missione, la tua identità, le tue convinzioni e i tuoi valori. Dell'ambiente fanno parte le persone che conosci e di cui ti circondi; tutto è allineato. In più, il fatto di essere qui con altre persone che, come te, vogliono crescere e vogliono migliorarsi, è sicuramente un passo coerente con la tua missione.

LETIZIA: Ok.

GIACOMO: Va bene, grazie Letizia, facciamole un applauso.

****

Allora, hai visto quant'è semplice? Cosa ho fatto? Semplicemente delle domande. Ricorda che le domande sono lo strumento più importante che un formatore possa utilizzare, perché permettono alle persone di formulare grandi risposte. Se fai buone domande, otterrai grandi risposte.

Un esercizio del genere è molto semplice; non c'è nulla di strano, si fa una passeggiata sui sei livelli. È un modello che Robert Dilts ha trovato molto utile e lo posso confermare, perché ho fatto questo esercizio con manager di aziende di grandi dimensioni, con fatturati di milioni di euro, i quali ne hanno tratto un giovamento enorme. È utile soprattutto per rimettersi in riga, perché spesso capita di perdere la propria direzione, anche essendosi fissati una missione, e di comportarsi poi in maniera incoerente.

Ho conosciuto un avvocato che amava stare in udienza, a contatto con le persone, e per questo motivo faceva il suo lavoro benissimo e con passione. Tanta passione e impegno al punto che ha avuto moltissimo successo. Ma cosa è accaduto? Che ha messo su uno studio tutto suo, con alcuni colleghi come collaboratori che andavano in udienza al suo posto; per cui, dopo alcuni anni di attività, si limitava a dirigere.

Questo comportamento, però, andava palesemente contro quei valori, ideali, missione e identità, che lo avevano portato sempre ad assistere personalmente i suoi clienti. Non farlo più lo faceva star male.

Gli ho suggerito di tornare a fare ciò in cui credeva, che più di ogni altra cosa l'aveva spinto a lavorare bene e ad avere tante gratificazioni. Ovvero andare in udienza di persona. Certo, non avrebbe potuto seguire personalmente tutti i clienti dello studio, avrebbe tenuto per sé solo i casi più delicati. Ma questo bastò a risollevarlo e a fargli affrontare il lavoro con gioia e carica rinnovate.

Come dicevo all'inizio, se decidiamo di intraprendere un lavoro, non per questo dobbiamo pagare il prezzo di perdere la nostra serenità, esattamente come il messicano di cui ti ho raccontato. Il discorso è sempre lo stesso: è bene che i comportamenti che si adottano siano congruenti con la propria missione.

A tal fine è opportuno fare questo esercizio senza fretta, ripetendolo più volte a distanza di un certo tempo. Lo fai una prima volta per crearti una base di partenza, poi, a intervalli di tre mesi, sei mesi, un anno, lo ripeti per verificare che tutti i tuoi livelli siano ancora allineati e congruenti. Fare delle revisioni è importante, perché è fin troppo facile perdersi nella routine della vita quotidiana.

L'allieva che in dimostrazione ha fatto l'esercizio dei livelli risultava già allineata, infatti lei stessa mi aveva detto: «Quando vado dai clienti, io rappresento l'azienda, sono l'azienda» e questo dimostra il suo allineamento. Questo esercizio ti può veramente portare ad apparire diverso anche alle altre persone, oltre che a te stesso, tanto più se sei un formatore e devi guidare un gruppo. Ai tuoi collaboratori trasmetti la tua missione, la visione della tua azienda; poi devi far sì che ci sia allineamento, cosa di cui tu devi essere il primo esempio concreto. In questo consiste la strategia.

Quindi fai l'esercizio seguendo la traccia della dimostrazione in aula e allineati. Procedi un passo alla volta. Parti dall'ambiente, la parte più soft, la più esterna: «In che ambiente lavori? Qual è l'ambiente in cui vuoi raggiungere la tua missione?» e poi vai avanti su questa linea immaginaria allineando i vari livelli fino al primo.

Se vuoi approfondire, puoi trovare spiegato questo esercizio anche in un libro di Robert Dilts che si intitola *Leadership e visione creativa*. È un testo dal taglio spiccatamente aziendale, quindi rivolto soprattutto a manager e imprenditori, ma utile anche per un allineamento personale.

Facciamo un esempio. Poniamo che la tua missione di vita sia di formarti una bella famiglia e rendere felice tua moglie e i tuoi figli. A partire dalla tua missione, inizia a scorrere i vari livelli. Parti dall'ambiente. Chiediti se l'ambiente che frequenti è allineato con la tua missione. Nel fare l'analisi potresti anche renderti conto che stai sbagliando qualcosa. Infatti se, ad esempio, la tua missione consiste davvero nel concentrarti sulla famiglia, sui figli ed essere felice con loro, il tuo ambiente non può essere l'ufficio dalla mattina alla sera!

Se è così c'è qualcosa che non va, c'è chiaramente un problema ambientale. Allora devi darti una regola, degli orari e dire a te stesso: «Qualsiasi cosa succeda, io alle 17 stacco e vado dalla mia famiglia. Il lavoro è importante, ci deve stare, però se il mio valore finale, se il mio ideale è la famiglia, io devo rispettarlo e dedicare ai familiari tutto il tempo che posso».

Potresti anche renderti conto di avere un problema di capacità in relazione alla tua missione: «Non sono in grado di fare tutto da solo! Devo assumere una persona in modo tale da poter avere più tempo libero». Ancora, potrebbe essere un problema di convinzioni: «Sono convinto che per avere successo sia necessario lavorare dalle otto del mattino alle otto di sera» e non riesci a lasciare la scrivania per tornare dalla tua famiglia.

I tre livelli del nucleo, ovvero convinzioni, identità, spirito/missione, rappresentano il cuore pulsante di ogni persona e di ciascuna azienda. Ricordati che anche i singoli componenti del tuo team o del tuo pubblico hanno, a loro volta, una propria missione, i propri obiettivi, una propria identità e proprie convinzioni su di te, sull'azienda e su se stessi. Quindi il lavoro da fare non è semplicissimo.

L'esercizio di allineamento che svolgo in azienda aiuta i vari componenti del team a rendere congruenti e ad allineare i propri obiettivi individuali e a ricondurli a quelli del leader.

Quando Alan, il nostro allenatore di hockey, dice: «Per Tom dobbiamo vincere la coppa», i ragazzi sono contenti, perché rivedono i loro singoli obiettivi realizzati nell'obiettivo comune. Ognuno vuole vincere, ognuno vuole segnare dei goal, ognuno, magari, vuole un riconoscimento e vincere una coppa. Però gli obiettivi dei singoli giocatori si fondono nell'obiettivo comune dell'intero gruppo e dell'allenatore.

Nel fare l'esercizio chiediti: «Qual è il mio ambiente, quali sono i miei comportamenti, le mie capacità, le mie convinzioni, i miei valori e la mia identità? Sono allineati?» Puoi farlo anche fissando una tua linea immaginaria e procedendo su di essa per passi successivi. Non farti vedere da altre persone, altrimenti potrebbero pensare che tu sia pazzo! Se invece hai la fortuna di avere un compagno con cui esercitarti, fallo, perché ha un impatto più forte, un effetto maggiore su entrambi.

L'esercizio di allineamento è molto importante e ti ribadisco che è il caso di farlo spesso. Puoi farlo non solo per la tua missione, ovvero il tuo obiettivo complessivo di vita, ma anche per singoli obiettivi. Farlo ti aiuterà a essere allineato sotto tutti i punti di vista con il vero te stesso.

Un mio allievo tempo fa mi ha fatto notare: «Quando sveli i segreti della tua comunicazione e del capire gli altri, ti metti nella posizione di essere giudicato, di essere più vulnerabile». Io ho risposto: «Sì, però quando si ha una grande leadership e si è allineati e coerenti con ciò che si fa, non si ha paura di esporsi perché non si possono dimostrare che i propri valori, la propria identità». A me piace sapere di essere allineato con me stesso in qualsiasi situazione mi trovi, in aula come in ogni altro momento di vita.

Questo è quello che voglio da te e dai gruppi con cui lavori: che ci sia una coerenza totale in ogni situazione. Perché è facile quanto inutile impostare un finto allineamento di facciata, come quelle persone che vanno in palestra e poi, non appena il maestro si gira, smettono di correre. Mi ricordo che a scuola, durante l'ora di educazione fisica, non appena il maestro si girava, c'era chi smetteva di fare i saltelli, chi le flessioni, chi faceva finta di allenarsi. È sempre successo e sempre succederà. A te non accadrà. Anzi, mi aspetto che tu sia il più allineato possibile in tutto ciò che fai. In qualsiasi contesto tu lavori e ti muovi. È molto importante.

Robert Dilts e Richard Bandler raccontano di aver prestato una consulenza aziendale, negli anni '70-'80, presso la Xerox, produttrice di fotocopiatrici e materiale affine. Cos'era successo? Poco tempo prima uno dei manager della Xerox era andato a Los Angeles e si era accorto che nella redazione di un quotidiano non c'erano praticamente più né fotocopiatrici né fogli di carta e la maggior parte della documentazione era in formato elettronico, in seguito al boom dei computer. Per cui tornò assai preoccupato in azienda e, scatenando una grande paura generale, disse: «È un dramma, di qui a pochi anni ci sarà il boom dei computer, per cui nessuno userà più le nostre fotocopiatrici e noi falliremo».

A questo punto i vertici aziendali pensarono: «Ci sarà il boom dei computer? Bene, allora diamoci da fare e produciamo computer!» Decisero quindi di spostare completamente la loro missione e il loro obiettivo creando livelli paralleli a questi. Erano allineatissimi sul produrre fotocopie. Per paura cambiarono improvvisamente la missione originale ma, purtroppo, non riuscirono ad allinearsi con la nuova.

Il perché è semplice: nessuno dei loro addetti era competente in materia di computer. Il personale non sapeva costruirli, né era preparato ad affrontare un cambiamento su larga scala. Pensa cosa voglia dire, per un'azienda che è leader in un settore e ha centinaia di dipendenti, attuare una simile rivoluzione! Se fai un cambiamento a livello di nucleo, i cambiamenti ai livelli inferiori sono sempre più grandi e se le persone non sono preparate succede un dramma, che poi è quello che è successo alla Xerox, che ha rischiato di fallire.

L'analisi di Bandler e di Dilts si è centrata proprio su questi livelli. Hanno detto ai vertici aziendali: «Voi eravate concentrati sull'obiettivo di creare macchine fotocopiatrici, questa era la vostra missione ed eravate allineatissimi ad essa, tanto da aver raggiunto la leadership mondiale in questo settore. Perché siete passati a tutt'altro campo, totalmente diverso dal vostro? Non ha senso». Consigliarono loro di mollare l'idea di cambiare settore e di tornare alla produzione di macchine fotocopiatrici, ambito nel quale avevano già costruito solide fondamenta, magari sviluppando componenti elettroniche per migliorarle.

Ristabilirono l'allineamento riportando l'azienda a concentrarsi sul prodotto originario, anche se modificato e innovato secondo la tecnologia emergente. Dissuasero i dirigenti dall'idea di ripartire da zero in tutt'altro settore, cosa che li stava portando al fallimento. Alla Xerox, secondo Bandler e Dilts, con l'idea della produzione dei computer avevano creato dei livelli paralleli che non avevano senso.

Al contrario, un esempio di puro allineamento, di pura coerenza, è associato a un evento accaduto a Sylvester Stallone. Non molti sanno che, ai tempi dell'anonimato, Stallone era piuttosto povero, non possedeva che un cane e faceva la fame. La sua missione era quella di fare l'attore, lo voleva a tutti i costi, ma non gli riusciva altro che fare la comparsa ogni tanto. Un giorno, per mancanza di denaro, arrivò addirittura a vendere il suo cane per 50 dollari per poter mangiare. Nonostante le evidenti difficoltà, restava però convinto di voler fare l'attore.

Un giorno gli capitò di assistere a un incontro di pugilato e, osservando i pugili battersi, gli venne in mente un personaggio per una sceneggiatura: quella di Rocky. Tornò a casa e iniziò a scriverla di getto. Una volta completata, si recò dai produttori proponendola e chiedendo, come condizione per la vendita, di essere il protagonista del film. Gli risposero: «No Sylvester, questa sceneggiatura è fatta bene, te la compriamo per 10.000 dollari», che per lui erano un'enormità! «Però tu non puoi essere il protagonista».

Ma Stallone era talmente coerente, talmente allineato e talmente convinto della sua identità che rispose di no e replicò: «Io sono Rocky, non potete dar la parte a qualcun altro. È la mia identità, sono io, quindi non posso accettare». I produttori risposero: «Va bene, te ne diamo 20.000, però tu non sei il protagonista» e lui ancora una volta obiettò: «No, io sono Rocky, questa è la mia sceneggiatura, l'ho scritta io, è la mia passione».

Loro non si arresero: «Va bene, ti offriamo 50.000 dollari, però devi rinunciare al ruolo di protagonista» e lui, ancora una volta, rispose di no!

Questo vuol dire sapere chi si è e dove si vuole andare. Il resto è una conseguenza: «È vero, sto morendo di fame, il mio ambiente è pessimo, non ho più neanche un tetto, però sono coerente con i miei valori, con la mia identità e con la mia missione».

Arrivarono a offrirgli 250.000 dollari e lui rifiutò ancora, al che gli dissero: «Va bene, ti diamo 10.000 dollari e tu fai il protagonista». E ottenne la parte, che poi, come è noto, gli ha reso ben più delle cifre più alte offerte dai produttori, perché il film è stato replicato fino al VI capitolo. Si è trattato, evidentemente, di un grande successo planetario dettato dall'allineamento.

La prima cosa che ha fatto con i 10.000 dollari guadagnati è stato andare a ricomprarsi il cane, pagandolo molto di più di 50 dollari, perché il nuovo proprietario non lo voleva più rivendere. Alla fine, di fronte all'offerta di una grossa somma di denaro, ha ceduto e il cane è tornato suo. Non solo, gli ha anche dato una parte nel film, è il famoso Birillo, fedele compagno di Rocky.

Quanto accaduto a Stallone è la dimostrazione che quando credi veramente in qualcosa, otterrai ciò che vuoi, perché troverai sempre il modo di perseguire il tuo obiettivo. È molto, molto importante, fondamentale se vuoi guidare un team di successo e lavorare bene.

Lo stesso Alan, allenatore della squadra di hockey, cercando di infondere nei suoi ragazzi lo spirito di squadra, si rende conto di fare lui stesso parte di una team a tre, insieme agli altri due allenatori. Capisce così che sarebbe stato giusto avere un atteggiamento di squadra anche con il gruppo di manager della sua azienda, dai quali, invece, si era isolato.

Spesso i manager con cui ho lavorato pensano che il team a cui insegnare, cui trasmettere i propri valori, consista solo nei dipendenti e non si rendono conto che dovrebbero fare gruppo anche con gli altri manager dell'azienda, le altre persone sul loro stesso piano. È importante fare questa distinzione, perché ci sono vari livelli di team.

Osservando il nostro schema, ci rendiamo conto che l'allineamento è importante ad ogni livello, e questo è ovvio. Al tempo stesso occorre avere una leadership flessibile a seconda di chi si ha di fronte.

SEGRETO n. 48: è fondamentale, una volta individuati i vari livelli, allinearli e renderli congruenti per potersi comportare in maniera coerente con ognuno di essi e con tutti nel loro complesso.

RIEPILOGO DEL GIORNO 5:

- SEGRETO n. 43: un buon formatore deve essere in grado di allineare i componenti del suo team, facendoli sentire coerenti e congruenti al cento per cento con l'obiettivo del gruppo.

- SEGRETO n. 44: nel caso il gruppo si trovi in difficoltà è bene che il formatore analizzi i problemi partendo dai livelli più esterni del modello dei livelli logici, ovvero "ambiente", "comportamenti" e "capacità".

- SEGRETO n. 45: convinzioni e valori, nella scala dei livelli logici, si situano insieme al terzo posto, in quanto si tratta in entrambi i casi di motivazioni che ci spingono ad agire.

- SEGRETO n. 46: l'identità, che occupa il secondo posto nella scala dei livelli logici, corrisponde alla visione che ognuno ha di se stesso, quindi al proprio nucleo.

- SEGRETO n. 47: il primo dei sei livelli, spirito e missione, è l'ideale massimo e ultimo della propria vita o azienda.

- SEGRETO n. 48: è fondamentale, una volta individuati i vari livelli, allinearli e renderli congruenti per potersi comportare in maniera coerente con ognuno di essi e con tutti nel loro complesso.

GIORNO 6:

I Segreti della Sinergia e della Formazione

Cosa vuol dire formare? Vuol dire aiutare gli altri, insegnare agli altri, sostenere gli altri, arrivando infine a delegare gli altri. Molte persone dicono: «Bene, non voglio più fare questo lavoro, allora mi creo un team, prendo una segretaria, un assistente, fanno tutto loro e io non insegno nulla». Nella mia analisi delle aziende per cui ho lavorato spesso mancava proprio la parte della formazione che, invece, è fondamentale.

Perché se non ci si preoccupa di formare i propri collaboratori, di dir loro esattamente ciò che debbono fare, si va fatalmente incontro a molte frustrazioni.

Sempre Ken Blanchard, nel libro base *One minute manager*, detta semplici regole a questo proposito. La prima è quella di porre obiettivi ben formulati, scritti e semplici. Dice: «Se io voglio qualcosa da qualcuno e glielo scrivo non posso sbagliare, non può venirmi il dubbio che non capisca». Io dico alla persona: «Questo è l'obiettivo che ti ho scritto, quello che voglio da te». Lo scriveremo secondo determinate caratteristiche che la PNL ci fornisce e che ora vedremo.

In questo modo sai quando l'obiettivo è stato raggiunto. Lo sai tu e lo sa la persona da te delegata. In questo modo vi troverete sempre d'accordo. Se sta andando in una direzione sbagliata le ricordi l'obiettivo e le indichi la direzione giusta, però hai la possibilità di seguirla, di sostenerla, di aiutarla ed eventualmente anche di delegarla.

L'importante è aver chiarito bene la formulazione degli obiettivi e, anche se in questo ebook ne vedremo solo i rudimenti, perché esiste un intero videocorso dedicato agli obiettivi, ti accorgerai che ci sono delle caratteristiche di base importantissime. Di questo parla Richard Bandler in persona.

Gli obiettivi ben formulati, che siamo in grado di raggiungere, hanno precise caratteristiche. Vediamole insieme:

- positività;

- misurabilità;

- responsabilità;

- ecologia;

- vantaggi attuali.

Innanzitutto un obiettivo deve essere **positivo**. Alcuni allievi vengono da me e mi dicono: «Io sono stufo di questo lavoro e voglio cambiarlo». Secondo te voler cambiare lavoro è un buon obiettivo? Ti dice dove sei adesso ma non ti dà la direzione. La persona mi dice di non voler più fare il suo attuale lavoro, ma quale lavoro vorrebbe fare?

Un obiettivo espresso in forma negativa, ovvero: «Non voglio qualcosa», è un obiettivo mal formulato, perché un buon obiettivo è tale se posto in positivo.

Quindi, se mi dici di non voler più fare il tuo attuale lavoro, la mia domanda è: «Cosa vuoi fare?» Risposta: «Voglio fare il formatore, voglio fare l'avvocato, voglio fare il medico, voglio fare lo spazzino» qualsiasi cosa, purché sia espressa in forma positiva.

Questo anche perché il "non" non viene ben percepito dal cervello. Se ti dico: «Non pensare a un albero verde», tu automaticamente ci pensi, creandoti nella mente l'immagine di un albero verde. Nello stesso modo, quando ai bambini dici: «Non correre», questi cominciano a correre. Se dici: «Non toccare quel vaso, che si rompe», vanno lì e trovano il modo di rompere il vaso. Ma di chi è la colpa, del bambino o nostra che gli abbiamo dato il comando di toccarlo?

Per cui fai attenzione all'uso del "non". Gli obiettivi vanno espressi in positivo: "Io voglio x", questa è la forma.

SEGRETO n. 49: un obiettivo ben formulato è espresso in positivo, ossia dice ciò che hai intenzione di fare e non ciò che non vuoi più fare.

Misurabile, che vuol dire? Che devi avere dei dati sensoriali, dei parametri precisi che ti aiutino a capire di aver raggiunto l'obiettivo. Quindi va bene se una persona mi dice che vuole dimagrire, ma è ancora meglio se mi dice che vuole arrivare a perdere dieci chili entro tre mesi. In questo modo l'obiettivo è più misurabile. Ti dai una misura - perdere dieci chili - che deve essere quella, almeno secondo la tua bilancia, entro i tre mesi. Tra tre mesi, quella è la scadenza, devi aver raggiunto l'obiettivo.

Se devo affidare un compito a un mio collaboratore, glielo do in questa forma. Non dico: «Parlando al telefono con i clienti, non trattarli male», che vuol dire? È troppo generico, troppo vago, non è misurabile né positivo. Lui poi lo interpreta come vuole, sbaglia e io mi arrabbio. Non va bene così.

Se io, invece, gli dico: «Parlando al telefono con i clienti, trattali bene» è espresso in positivo. Gli do la dimensione in misurabilità dicendo: «Mi raccomando fai questo, questo e quest'altro». Gli do delle indicazioni specifiche.

Se è un venditore, dico: «Ti affido la vendita dei miei videocorsi, ne devi vendere dieci al mese». Se è un assistente, preciso: «Scrivimi queste dieci pagine entro domani». Si tratta, in entrambi i casi, di obiettivi ben formulati, perché il venditore sa di dover vendere i dieci videocorsi entro un mese e l'assistente di dover scrivere le dieci pagine entro il giorno seguente. Poi ci renderemo conto se è realistico o meno. Si tratta di caratteristiche che vedremo tra poco.

Però quando assegni degli obiettivi ai collaboratori, che siano o meno tuoi pari, collaboratori o manager, sii preciso. Eventualmente, come suggerisce Ken Blanchard, scrivili, così non c'è possibilità di errore dovuto a comunicazione mancata o confusione.

Se scrivi l'obiettivo, così come hai scritto la missione, è molto più facile passare le informazioni e misurarle, perché altrimenti l'altro potrebbe sempre dire: «Eh, ma tu mi avevi detto tra quattro mesi» e tu: «No, ti ho detto entro tre mesi». Nel dubbio meglio scrivere, elimina la possibilità di errore.

SEGRETO n. 50: un buon obiettivo deve essere misurabile. Ciò vuol dire che devi stabilire un termine temporale preciso entro il quale raggiungerlo.

Responsabilità, che vuol dire? Che devi assumerti la responsabilità dell'obiettivo, il cui raggiungimento deve dipendere soltanto da te. Se ti metti a dieta assumendoti la responsabilità di voler raggiungere un certo peso, centrare quell'obiettivo è qualcosa che puoi scegliere di fare o meno. Dipende da come mangi, dalle convinzioni che hai, dalla tua identità, da varie cose, ma almeno è sotto la tua responsabilità.

Se ti poni un obiettivo per cui dici: «Bene, la mia azienda deve arrivare a un milione di euro di fatturato entro quest'anno», è vero che dipende da te, ma dipende anche da altre persone, da chi lavora con te e da tanti altri fattori. Per cui cominci a perdere responsabilità. Una parte dipende da te e da come gestisci gli obiettivi, un'altra parte no. Per questo motivo è bene che gli obiettivi che ti poni siano nella tua piena responsabilità.

Se puoi, cerca di influenzare le persone. È vero che i tuoi collaboratori non dipendono da te in ciò che fanno, però in qualche modo puoi influenzarli, ti puoi assumere la tua parte di responsabilità anche per il loro lavoro. Quindi dici: «Non so esattamente tutto ciò che fanno, non so per certo quanti contratti riesce a concludere quel mio venditore, però so che posso formarlo, aiutarlo, sostenerlo e insegnargli tutto ciò che so». Ti prendi la responsabilità di tutto ciò che davvero puoi fare anche per gli altri, in modo tale da poterli influenzare.

SEGRETO n. 51: altra caratteristica di un buon obiettivo è la "responsabilità". Vuol dire che devi assumerti la responsabilità dell'obiettivo che intendi perseguire, il cui raggiungimento deve dipendere esclusivamente da te.

Ecologico vuol dire che rispetta la tua persona, in particolar modo, ad esempio, la tua salute. Se per raggiungere il tuo obiettivo devi lavorare ventiquattro ore su ventiquattro, dopo una settimana, dopo un mese, non ce la fai più, ti ammali, ti stanchi e questo non va bene. Se affidi a un tuo collaboratore un compito del tipo: «Assolvi questi dieci incarichi entro domani», non è molto ecologico, perché lui non dormirà per portare a termine il lavoro e cosa accadrà? O si ammalerà e mancherà per qualche giorno, o si stancherà di questi ritmi e se ne andrà dalla tua azienda, il che è anche peggio.

Quindi, quando dai un obiettivo ai tuoi collaboratori, guarda che sia positivo, ben misurabile, possibilmente scritto e che ci sia la possibilità per la persona di assumersene la responsabilità; o, se è un tuo obiettivo, di addossartene tu stesso la responsabilità. Se l'obiettivo è quello che dai al tuo collaboratore, lui deve essere in grado di accollarsi la responsabilità, altrimenti potrebbe dirti: «Non dipende da me».

È la medesima cosa che raccontavo prima riferendomi ai lavori che si stanno facendo a casa mia: l'idraulico mi dà la colpa del lavoro venuto male perché non ha avuto le giuste direttive. Se fosse vero, ne avrei davvero la colpa, poiché gli avrei assegnato un obiettivo del quale il mio operaio non si poteva prendere la responsabilità.

Che l'obiettivo sia ecologico non vuol dire solo che non devi sentirti male in termini fisici nel tentativo di raggiungerlo, ma anche che questo non deve andare contro i tuoi valori. Per cui non è solo un problema fisico, ma anche morale.

Per rifarci all'esempio di poco fa, se tu avessi stabilito di perdere 10 chili entro tre mesi e io, al contrario, ti imponessi di farlo in un mese, andrei contro i tuoi valori e potresti rispondermi: «Sì, se mi taglio una gamba posso farcela, ma non mi pare molto ecologico». Per cui ricorda: un obiettivo che vada contro i tuoi valori è inaccettabile.

SEGRETO n. 52: un obiettivo è "ecologico" se rispetta la tua persona, quindi i tuoi valori e la tua salute.

Vantaggi attuali. Un obiettivo ben formulato deve rispettare i vantaggi della situazione attuale. Ti faccio un esempio concreto. È venuta da me una persona che voleva smettere di fumare. Le ho chiesto: «Come mai non hai ancora smesso?» Lei ha risposto: «Sì, ci ho provato».

Ma parlando più a lungo mi ha confessato che fumare le piaceva davvero tanto, che la rilassava, che si trovava bene con il suo gruppo di amici, tutti fumatori, e che le scaturivano tanti altri vantaggi dal fumare.

Quindi se la persona si fissa un obiettivo, ma nel non raggiungerlo trova dei vantaggi, è chiaro che non lo raggiungerà. Nel caso citato la persona farà in modo di non smettere di fumare. Però, se io le posso garantire il godimento degli stessi vantaggi anche smettendo di fumare, è quasi certo che raggiungerà l'obiettivo. Le ho detto: «In PNL vi sono un gran numero di tecniche, come ad esempio l'ancoraggio e le visualizzazioni, che permettono di raggiungere il medesimo stato di relax che suscita il fumo senza i dannosi effetti collaterali che questo provoca».

Ricorda che, quanto maggiore è il numero di alternative che offri alle persone, meglio è. Io, come vedi, le ho dato più di un'opportunità in sostituzione del fumo, le ho parlato di ancoraggio, visualizzazioni e altro ancora.

Se, ad esempio, a un tuo collaboratore piace stare seduto a una scrivania a fare poco lavoro, devi fare in modo che i suoi orari siano sempre e comunque non eccessivi, garantirgli di non faticare troppo se non vuole, trovare una soluzione per dargli il posto più giusto per lui. Magari sta bene dietro a un computer, e allora, avendolo capito, lascia che resti dov'è, anche se vorresti fargli fare altre cose.

Ciò che voglio dirti è che è importante rispettare i vantaggi della situazione attuale per far sì che gli obiettivi delle singole persone siano sempre espressi all'interno del gruppo, che collimino con la soddisfazione delle tue esigenze di leader o dell'azienda. In sostanza si tratta del rispetto dei ruoli di ciascuno, ma ne parleremo più diffusamente tra poco.

SEGRETO n. 53: un obiettivo ben formulato deve rispettare i "vantaggi attuali", ossia tutto ciò che di positivo deriva dalla situazione che attualmente vivi.

Infine, è necessario che gli obiettivi siano **allineati**: è quello che abbiamo visto finora. Per ogni obiettivo fai l'esercizio di allineamento dei livelli. Fallo tu o fallo fare alle persone con cui lavori. Certo, capisco che possa non andarti a genio l'idea di impostare con qualcuno con cui lavori l'esercizio di allineamento descritto nella dimostrazione. Probabilmente non hai voglia di dirgli: «Ora pensa a questo obiettivo, fai tutto il cammino…».

Durante un mio corso aziendale c'è stato chi ha sollevato questa obiezione, quindi ne sono consapevole. In ogni caso ci sono anche altri modi per allineare un proprio collaboratore. Puoi semplicemente, con atteggiamento rilassato e colloquiale, fargli una serie di domande scorrendo i vari livelli del modello dell'allineamento. In questo modo raggiungerai ugualmente il fine di renderlo partecipe della tua decisione, del nuovo obiettivo che ti sei prefisso.

Quindi, senza fargli fare "la passeggiata" attraverso i vari livelli, chiedi: «Cosa ne pensi di questo obiettivo? Ce la puoi fare? Se sì, in che modo? Cosa puoi fare per arrivarci?» Ti dirà che pensa di raggiungerlo avvalendosi dei suoi comportamenti. Allora tu chiedi: «Pensi di avere le risorse, le capacità per farcela? Sei convinto di farcela?» e lui: «Sì, certo…» e avanti così, facendogli le domande del modello sotto forma di dialogo.

Non solo lo farai allineare senza che se ne accorga, ma, attraverso le semplici domande del modello, lo aiuterai a capire meglio ciò che vuole, ad allineare l'obiettivo del gruppo o del formatore ai suoi obiettivi individuali. In tal modo otterrai un altro vantaggio, che è quello di responsabilizzarlo, perché nel risponderti affermativamente prende con te e con se stesso un impegno: «Sì, ce la faccio, sono convinto di farcela». In più lo coinvolgi nel progetto, cosa che un dipendente vuole più di ogni altra cosa al mondo. Ancor più dei soldi, infatti, gli interessa che nel luogo di lavoro vi sia un buon clima, un gruppo affiatato e un capo che lo rispetta e lo rende partecipe.

Se ci pensi, nel fare le domande del modello sembra quasi che capo e dipendente decidano insieme il da farsi per il bene dell'azienda: «Che ne pensi di questo obiettivo? Ce la puoi fare?» «Sì». In quel momento sembra decidiate insieme, in fondo, anche se sei tu a definire l'obiettivo. Ma lo raggiungi con la partecipazione di tutti i tuoi collaboratori, con l'aiuto del tuo team.

SEGRETO n. 54: una volta focalizzati i tuoi obiettivi di formatore, devi allineare il tuo team ad essi.

La formazione, ovvero il pilastro del formare, passa attraverso diversi punti che adesso scorreremo uno a uno. Uno di essi è, sicuramente, il concetto di **sinergia**. Cos'è la sinergia, questo termine a molti sconosciuto? Corrisponde a un'idea di energia di gruppo, per cui si dice che **1+1**, cioè la somma di due singoli individui, **non fa 2 bensì 11**.

È una nuova idea di gruppo per cui lo sforzo che tu potresti produrre singolarmente, se unito a quello di un'altra persona, ad esempio un tuo collaboratore, viene molto più che raddoppiato. Addirittura sarebbe impossibile raggiungere alcuni obiettivi da solo. Impiegheresti il doppio del tempo e produrresti il doppio dello sforzo, non potresti assolutamente farcela!

A me è capitato di lavorare con una persona che aveva, sì, grandi progetti, ma purtroppo al primo inconveniente perdeva la motivazione, lo stato adatto per continuare a credere nel lavoro che stava facendo, e interrompeva il cammino. Cosa è successo a questa persona? Che ha trovato un socio con idee molto simili alle sue, livelli molto simili ai suoi, altrettanta motivazione e, grazie al suo supporto, ha raggiunto l'obiettivo.

Cercare collaboratori con il medesimo nostro nucleo è quanto di più importante per la buona riuscita di un lavoro, bisogna identificarsi a livello di motivazioni, valori e identità.

Quando ho deciso di sposarmi, ad esempio, un mio amico formatore mi ha chiesto: «Sei convinto di questo passo?» Ho risposto: «Sì». Lui ha replicato: «Ma hai controllato di avere lo stesso suo nucleo?» L'identità con una persona non dipende tanto dall'ambiente in cui la conosciamo o dal comportamento che adottiamo.

Nel conoscere una persona che frequenta il nostro stesso ambiente, ad esempio un circolo, un club o altro, si è già certi di avere degli interessi in comune, di fare cose simili e avere capacità simili. Però poi, magari, ci si accorge di essere differenti a livello di convinzioni, valori, identità, spiritualità e missione e le cose finiscono per non funzionare a dovere. Questo è uno dei rischi maggiori per una coppia e anche il motivo di tanti divorzi.

Per lo stesso principio, anche quando incontri un socio, fai caso che ci sia uguaglianza a livello di valori, identità e missione.

Nell'esempio che ti ho fatto poco fa, la persona con cui ho lavorato è riuscita a raggiungere il suo obiettivo perché ha incontrato un socio con identità, valori e missione molto simili ai suoi. Ma il dato più interessante è che si aiutavano l'un l'altro nella strada verso il raggiungimento dell'obiettivo.

Nel momento in cui erano entrambi motivati riuscivano ad andare avanti benissimo, ma se uno dei due, a un certo punto, sentiva venir meno la sua motivazione, era l'altro, rimasto motivato, a spingerlo, a dargli nuova carica.

In questo modo sono andati avanti insieme e hanno raggiunto tantissimi obiettivi. Da soli né lui né il socio ce l'avrebbero fatta, perché, comunque, senza un aiuto è difficile superare tutti gli imprevisti che si presentano. In due si sono motivati l'uno con l'altro e sono riusciti a raggiungere ogni loro traguardo. In questo modo sono passati dallo zero, risultato individuale sia dell'uno che dell'altro, ad aver raggiunto insieme l'obiettivo: l'11. Spesso in due si può fare molto di più che lavorare due volte tanto. Quindi 1+1 fa 11 e non più 2. Questo è il significato del termine "sinergia".

SEGRETO n. 55: il concetto di sinergia corrisponde a un'idea di energia di gruppo, per cui si dice che 1+1, ovvero la somma di due singoli individui, non fa 2 bensì 11.

Non solo, la questione è anche rispettare il **ruolo** di ognuno. Capire quale sia, per ogni nostro collaboratore, la collocazione più giusta. Come dicevo poco fa, nel rispetto degli obiettivi individuali è buona cosa capire quali siano le doti, i punti di forza di ognuno e, in base ad essi, attribuire il ruolo più adatto.

Conosco persone pignole da morire, tanto da portarmi a dire che in azienda non le vorrei mai, ma che invece, a una più accurata riflessione, sarebbero adattissime per un lavoro di precisione e perfezione come il controllo di qualità dei prodotti. Persone che potrebbero rivelarsi pesanti nell'ambito di una relazione affettiva, ma che, per un lavoro di attenzione, sono quanto di più desiderabile.

È importante capire quali sono i punti di forza delle persone che lavorano nel tuo team. Solo così potrai dar loro il ruolo più giusto, rispettando ognuno nella consapevolezza che siamo tutti diversi.

La PNL fa della soggettività il suo nucleo. Infatti il primo libro di Bandler definisce la PNL come «lo studio dell'esperienza soggettiva». Ci dice che «siamo tutti diversi, ognuno ha le sue convinzioni, le sue esperienze, una sua soggettività e un suo modo di interpretare la realtà». Per cui non puoi pensare di trattare nello stesso modo tutti i tuoi dipendenti, assai diversi fra loro.

Devi però, sì, trasmettere a tutti gli stessi valori, dicendo: «Questa è la missione dell'azienda che si fonda su questi valori e tende a raggiungere questi obiettivi. Facciamo in modo di essere tutti allineati in questo senso».

Però, al di là di questo, ognuno è diverso, quindi ti dovrai comportare in maniera diversa con ciascuno di loro, così come io, da formatore, mi comporto in maniera diversa con ciascuno dei miei allievi. Io vedo la persona che sta attenta, quella che, magari, vuole andare in pausa, quella che è più concentrata di un'altra e così via. Devo essere focalizzato su ciascuno dei miei allievi per cercare di accontentare tutti. Non importa se chi ho davanti è un pubblico o un team di dieci, cinquanta o cento persone, il principio resta il medesimo, devo comunque dare a ognuno quello di cui in quel momento ha bisogno.

SEGRETO n. 56: un buon formatore è in grado di capire quale sia la collocazione più giusta per ogni suo collaboratore e di rispettarne il ruolo.

Un altro importante principio contenuto nel testo di Ken Blanchard, *One minute manager*, oltre a quello dell'obiettivo semplice e specifico, da lui definito "obiettivo da un minuto", è quello della "lode da un minuto". L'autore ci vuol dire che non esiste solamente la "critica da un minuto", ovvero quella che, con frasi tipo: «Cosa hai fatto? Perché hai sbagliato? Perché non sei riuscito a vendere?» è solito fare il 99,9 per cento dei manager; ma esiste anche e soprattutto la "lode da un minuto", con la quale si riconoscono i meriti e si dà risalto ai punti di forza di chi fa bene.

È in questo modo che Alan riesce a dare davvero forza ai suoi ragazzi che giocano a hockey. Si trova infatti di fronte a un gruppo di giovani con un'autostima ancora in crescita.

Riconoscendo quando fanno bene, premiando con dei punti di merito coloro che passano la palla, lui riesce a creare un rinforzo positivo, a insegnare loro nuove strategie, nuove tecniche, un nuovo atteggiamento mentale.

Ad esempio stabilisce che sommando un tot di passaggi fatti si totalizza un dato quantitativo di punti che permette di essere nominato "giocatore del mese". In questo modo si vengono a creare, nel gruppo, nuove associazioni positive: non più goal=premio, ma passaggio=premio.

Va bene associare una punizione a un comportamento sbagliato, ma è altrettanto importante associare un premio a un comportamento giusto, quindi bilanciare, premiando ciò che è ben fatto e riconoscendo i punti di forza di ognuno. Tu sei molto pignolo? Bene, ti metto al controllo qualità, ti ringrazio di essere così preciso.

È molto importante per ciascuno di noi anche capire, essere consapevoli di quali siano i nostri punti di forza e/o di debolezza, soprattutto per averne coscienza. Magari, come è successo a me, tu scoprirai di avere punti di forza che non conoscevi e che ti aiuteranno a raggiungere i tuoi obiettivi e la tua missione. Grazie a questo esercizio io mi sono reso conto che potevo dare qualcosa, comunicare bene, che mi piaceva capire gli altri, che sono flessibile e molto altro. Se non lo avessi mai fatto, forse ora non farei il formatore.

L'esercizio che farai adesso, della durata di cinque minuti, consiste nell'analizzare i tuoi punti di forza e di debolezza.

Scrivine cinque o tutti quelli che ti vengono in mente:

____

____

____

____

Hai chiarito a te stesso quali sono i tuoi punti di forza? Come ti senti adesso? Mi è capitato, durante i miei corsi, che alcuni miei allievi, avendo scritto certi loro punti di debolezza, si siano poi resi conto, in corso d'opera, che fossero in realtà punti di forza.

Una qualità come la franchezza, ad esempio, secondo me non può essere vissuta come un limite, sebbene in certi contesti possa nuocere. Il saper dire le cose come stanno, l'essere trasparente possono e, secondo me, debbono essere visti come punti di forza.

In generale molte qualità, come anche molti obiettivi, hanno sempre un'ambivalenza. Come dicevo prima, l'essere pignoli, dal punto di vista dei rapporti umani, può certo essere considerata una debolezza, ma in realtà nel contesto di un lavoro, di un controllo di qualità, è un grandissimo punto di forza. Dipende molto da contesto a contesto. L'importante è che siamo consapevoli di quali siano le nostre caratteristiche. Questo esercizio è un modo semplice per chiarirle e confrontarsi con gli altri.

Anche questo esercizio può essere ripetuto, concedendosi un tempo più lungo, nei prossimi giorni. Continua la lista delle tue caratteristiche, dei tuoi punti di forza e/o debolezza. Potrai verificare se hai dato la definizione giusta a ognuno e se ce ne sono altri che non avevi considerato.

È molto importante anche lavorare con un partner, per capire non solo i nostri punti di forza e debolezza, ma anche quelli degli altri. Infatti è interessante rendersi conto del modo di esprimersi dell'altra persona e di ciò che pensa di se stessa. Ancor di più sarà importante quando lo farai con uno o più dei tuoi dipendenti, per capirli come individui e per capire la loro situazione lavorativa. Ricorda sempre di lodarli quando fanno qualcosa di buono.

Ken Blanchard, a questo proposito, ci consiglia: «Invece di andare in giro a cercare gli errori dei vostri collaboratori, cercate le cose che funzionano, sorprendeteli a far qualcosa di buono».

Per farci un esempio, racconta della volta in cui un uomo venne chiamato dal capo per un colloquio privato. Ovviamente era terrorizzato, diceva fra sé: «Che vorrà il capo? Oddio che paura, mi licenziano!» Entrò nell'ufficio del capo con aria distrutta e disse: «Salve, sono qui…», ma rimase stupefatto quando si sentì dire: «Sei stato bravissimo, hai fatto un lavoro eccezionale» e lui: «Davvero, io? Evviva!» «Sì, sei stato bravissimo e ti voglio dare un premio».

Quel dipendente pensava di dover essere punito, addirittura licenziato nonostante avesse fatto bene il suo lavoro, nonostante avesse raggiunto l'obiettivo. Invece il capo l'aveva chiamato solo per ringraziarlo. Questo è un tipo di leadership molto efficace.

Quindi è anche giusto criticare quando serve, ma ricordati di lodare più spesso che puoi, è molto importante. Nei rapporti con i collaboratori devono esserci sia la lode da un minuto che la critica da un minuto. La critica ha è comunque molto importante perché ha una sua funzione. Se costruttiva dà alla persona che la riceve la possibilità di crescere e migliorare. D'altra parte, poiché non si può far finta di niente, se una persona sbaglia occorre farglielo notare. L'importante è agire con intelligenza, non colpire l'identità della persona ma i suoi comportamenti e non esprimersi con cattiveria.

SEGRETO n. 57: il buon formatore privilegia la "lode da un minuto" alla "critica da un minuto", per cui preferisce gratificare i suoi collaboratori per ciò che fanno di buono piuttosto che criticarli per ogni errore.

Quindi, nel fare una critica, ricorda di puntarla sul comportamento e abbi cura di inserire sempre una lode all'identità della persona. La stessa cosa vale nel momento in cui stai comunicando con un tuo collaboratore. Non dire: «Tu sei un incapace», piuttosto di': «Tu hai fatto una stupidaggine, ma comunque resti un bravo collaboratore, un bravo professionista».

Io mi comporto in questo modo con ognuno degli operai che lavora a casa mia per la ristrutturazione. Non dico: «Sei un incapace», piuttosto: «In questo caso hai fatto una stupidaggine, mettila a posto, so che sei in grado di farlo perché sei un bravo professionista». Anzi, ti dirò di più, con questa affermazione ho addirittura rinforzato la loro identità di professionisti. E, nel caso non l'avessero, può darsi se la creino e lavorino davvero da professionisti da quel momento in poi, facendo meglio che in passato.

In azienda vale il medesimo principio. Se sei un buon formatore vuoi che la tua azienda vada bene. Quindi se non sottolinei i punti di forza dei tuoi collaboratori, non li lodi, non li gratifichi a livello morale e di identità, non lavoreranno bene, e chi ne farà le spese sarai soltanto tu e la tua azienda.

Ken Blanchard dice: «È importante fare prima la critica e poi la lode, perché se fai il contrario le tue parole sembreranno false». Quindi se dici: «Tu sei una bravissima persona però hai fatto una stupidaggine» il destinatario dell'affermazione potrebbe risponderti: «Come, affermi che sono una brava persona e poi dici che "però" ho fatto una stupidaggine?»

La replica è sensata in quanto linguisticamente il termine "però" va a cancellare l'immagine positiva precedente. Tu, come capo, in un primo momento hai creato una certa immagine del dipendente affermando: «Tu sei una brava persona», poi l'hai cancellata dicendo: «però hai fatto una stupidaggine». Ciò crea conflitto e confusione.

C'è una storiella molto interessante che parla di un imperatore e del suo ministro. L'imperatore dice: «Caro ministro, facciamo così. Da oggi io do premi alle persone che fanno le cose giuste, e tu punizioni a chi sbaglia». Dentro di sé pensava che la gente avrebbe amato lui che premiava e odiato il ministro che puniva, accollandosi tutti gli sfoghi delle persone.

Vanno avanti così per un po' e dopo qualche mese si crea una situazione per cui i sudditi, non appena parla il ministro, lo ascoltano e obbediscono, altrimenti sanno di ricevere una punizione, mentre quando parla il re l'atteggiamento è ben diverso: le persone abituate a ricevere da lui null'altro che lodi e complimenti non lo ascoltano più. Quindi se il re dice a qualcuno: «Fai questo», si sente rispondere: «Sì, poi lo farò», mentre se lo dice il ministro la persona subito scatta.

Allora l'imperatore cambia idea e dice al suo ministro: «Da oggi facciamo il contrario: io infliggo punizioni e tu elargisci lodi». Cosa succede a questo punto? Che dopo poco le persone del popolo iniziano a dire: «L'imperatore è impazzito, fino a ieri ci lodava, ci faceva i complimenti, mentre ora ci sta massacrando di punizioni. Sai che ti dico? Buttiamolo fuori!» E lo cacciano. E il ministro? Di lui dicevano: «Beh, il ministro è una persona dura però, effettivamente, ora ci sta aiutando, ci sta sostenendo, mi sembra la persona più adatta per essere il nuovo imperatore».

La morale della favola è la seguente: meglio essere prima "cattivi" e poi buoni, meglio prima la critica e poi la lode, perché altrimenti rischi di fare la fine dell'imperatore che non viene capito e viene cacciato.

Questo succede spesso. Ho sentito persone dire: «Ti amo ma...», che vuol dire? Anche linguisticamente il "ma" e il "però" non vanno bene, cancellano la prima affermazione e danno rilievo solo alla seconda che va a sostituire la prima. Fare prima la lode e poi la critica non funziona, è stato studiato e dimostrato. La stessa cosa accade nella gestione delle obiezioni. Se qualcuno ti fa un'obiezione e tu replichi: «Ti capisco benissimo, però le cose stanno come dico io», non hai assolutamente dato comprensione! Occorre stare attenti sia alle parole che si utilizzano e sia all'ordine in cui si dicono le cose.

Ultimamente ho letto il libro *Al gusto di cioccolato. Come smascherare i trucchi della manipolazione linguistica*, di Matteo Rampin, che parla, appunto, di manipolazioni linguistiche. In particolare, in una delle storielle narrate, si dimostra come basti invertire l'ordine delle parole in una frase per cambiare completamente il senso della frase stessa.

Un novizio chiese al priore: «Padre, posso fumare mentre prego?» e questi rispose: «No, sei pazzo? Vai via, sei pessimo!» Un secondo novizio chiese allo stesso priore: «Padre, posso pregare mentre fumo?» e il priore: «Ah, quanto sei bravo! Trovi ogni momento per pregare!»
Come vedi è sufficiente invertire l'ordine delle parole per cambiare non solo il senso della frase, ma anche il risultato che attraverso questa si riesce a ottenere.

Ma vi sono molti altri esempi di manipolazione linguistica nel testo di Rampin. Ad esempio, leggendo la scritta "clinicamente testato" potresti chiederti: «Va bene, ma i test cosa dicono?» La stragrande maggioranza delle persone acquista un medicinale, una crema per le rughe o altro prodotto similare, solo perché sono clinicamente testati. Per cui, il fatto che siano stati fatti dei test clinici su un dato prodotto è visto come garanzia di qualità del prodotto stesso. Tuttavia, in realtà, non si dice quale sia stato l'esito dei test. Magari si è scoperto che il 50 per cento delle persone sono risultate allergiche… non lo sapremo mai!

Ancora, se leggi sull'etichetta di un prodotto la seguente frase: "premiato come prodotto dell'anno", sei più motivato a comprarlo, non è così? Ma non ti chiedi da chi e per quale motivo è stato premiato, né attraverso quali criteri è stato preferito ad altri prodotti. Infine, come ultimo esempio, arriviamo alla frase che dà il titolo al libro: "bevanda al gusto di cioccolato". Probabilmente quasi tutti coloro che scelgono un prodotto del genere penseranno di bere vero e proprio cioccolato, anche se in realtà non è altro che una bevanda "al gusto" di cioccolato e non al cioccolato, appunto!

SEGRETO n. 58: nel rapporto con i tuoi collaboratori ricorda di anteporre la critica alla lode, altrimenti le tue parole sembreranno false.

Andiamo avanti. Nel formare è contemplata anche la formazione delle capacità, ovvero ciò che generalmente si intende proprio per formazione. Un famoso motto attribuito a Confucio recita: «Non dare solo un pesce all'affamato, ma insegnagli a pescare!»

L'importanza della formazione è tutta racchiusa in questa frase. Se ti insegno delle capacità, queste divengono tue e le potrai sfruttare per tutta la vita in qualsiasi settore. Questa è anche la filosofia ispiratrice della Programmazione Neuro-Linguistica. Infatti durante i miei corsi di formazione, che si tratti di vendita o comunicazione, le persone che ascoltano imparano dei principi di relazione. Questi saranno certo preziosi nel lavoro, ma anche sfruttabilissimi per meglio gestire i rapporti interpersonali con familiari e amici.

Le capacità come saper comunicare, vendere o gestire il proprio stato d'animo, sono "metacompetenze", cioè funzionano indipendentemente dal settore in cui vengono applicate. Le puoi imparare per lavorare meglio in azienda e per poi utilizzarle nella tua vita affettiva.

Questo stesso corso può essere seguito dal manager d'azienda così come dalla persona che si vuol sentire più coerente, più congruente o che vuole essere leader di se stessa. Questo è il potere della PNL.

Insegnare capacità significa iniziare con una fase di vera e propria istruzione. Decidi di assumere una segretaria, le insegni a fare fotocopie, gestire la posta e usare il computer. Poi hai finito? No, poi la devi **sostenere**, perché può aver bisogno di te. Ogni tanto vai da lei e chiedile: «Come va? Tutto bene? Se hai bisogno, rivolgiti tranquillamente a me». È giusto che la formi bene ed è nel tuo interesse farlo, anche per poterle delegare con fiducia parte dei tuoi compiti ed essere più libero.

Alla mia amica che ha lavorato come segretaria in una palestra hanno detto solo le cose principali, dopodiché l'hanno lasciata a se stessa. È chiaro che lei, al primo imprevisto, alla prima attività leggermente diversa dallo schema che le avevano insegnato, si è trovata in difficoltà ed è ricorsa al capo. Questi, dopo qualche tempo, si è arrabbiato e lamentato del fatto che andasse a disturbarlo per ogni sciocchezza.

A me sembra un atteggiamento assurdo. Come poteva pretendere che sapesse fronteggiare da sola ogni difficoltà, se non l'aveva messa in condizioni di farlo? Occorre, sì, insegnare ai nostri collaboratori le capacità di base, ma poi anche sostenerli nel tempo, che sarà più o meno lungo a seconda della difficoltà del lavoro.

Sostenere significa continuare a formare, rendersi disponibile per ulteriori chiarimenti senza arrabbiarsi e, anzi, accogliere con piacere il fatto che una persona chieda delucidazioni per fare meglio il proprio lavoro. Io lo vedo anche nelle situazioni più semplici. Normalmente io assumo, come donne delle pulizie, delle signore filippine. Ogni sei mesi loro tornano a casa e io mi trovo a dover cambiare e a ricominciare daccapo nell'insegnare ogni cosa alla nuova arrivata, alla quale occorre star dietro un po' di tempo.

Se, come è successo in passato, non ci si rende subito disponibili e non si fa capire la propria apertura a insegnare, procedono da sole e, se non sanno fare qualcosa, inventano, creano, spesso facendo danni come graffiare pareti o altro.

Meglio far capire che siamo disponibili, dire: «Se hai bisogno, se hai un dubbio, vieni da me, lo preferisco. Se si rompe una cosa è molto meglio tu me lo dica piuttosto me lo tenga nascosto». Quante volte è successo! Sparisce un pezzo di vetro, chiedo alla signora delle pulizie: «L'hai visto tu?» e lei: «No». Va bene, chissà dov'è; io non l'ho preso, mia moglie neanche, capita! Ecco perché è importante sostenere.

Sostenere vuol anche dire fare critiche e lodi da un minuto. Fare una critica al comportamento con lode all'identità quando una persona sbaglia e fare semplicemente una lode quando fa bene. Finalmente, negli ultimi tempi, il team dei ristrutturatori di casa mia sta lavorando bene e io non perdo occasione per ripetere: «Bravi, avete fatto un ottimo lavoro». A ognuno dico: «Oggi hai fatto questo lavoro? Bravo, è venuto molto bene».

Premiarli quando serve funziona, perché assoceranno piacere all'idea di fare bene il loro lavoro, di stare attenti e di elevare gli standard. Quindi, nel raggiungere l'obiettivo del team, non fai che aiutare te stesso.

SEGRETO n. 59: il buon formatore non si limita a insegnare il lavoro ai propri collaboratori. In seguito li sostiene per continuare a formarli, rendendosi disponibile a fornire ulteriori chiarimenti.

Quand'è che si può **delegare**? Potrai delegare gran parte del tuo lavoro dopo aver insegnato e sostenuto, quando finalmente la persona riesce ad andare avanti da sola, a prendersi tutta la responsabilità del lavoro, perché è anche in grado di gestire autonomamente situazioni nuove.

So per esperienza, anche nella formazione aziendale, che è molto difficile delegare, perché riteniamo che gli altri non facciano mai le cose bene come potremmo farle noi. D'altronde, se non impariamo a delegare, non cresceremo mai, non potremo mai fare più di tanto, perché la giornata è della stessa durata per tutti. So che all'inizio è difficilissimo, ma devi farlo, almeno prova a farlo. Ti racconto la mia esperienza. Come ho combattuto la paura di delegare? Sostenendo. Se fai una buona formazione, se insegni bene il ruolo e poi sostieni, ovvero se fai capire alla persona che può parlare senza timore con te di qualsiasi dubbio, di qualsiasi situazione nuova che incontra e che la mette in difficoltà, lavorerà tranquilla. Nel frattempo imparerà e alla fine saprà gestire ogni situazione, anche le più complesse, in piena autonomia.

Insegnare le capacità è facile e importante, e ci vuole quel pizzico di coraggio per arrivare a delegare. La strada migliore è quella di seguire queste fasi: prima di tutto insegnare, poi sostenere e, solo come ultimo passaggio, delegare.

SEGRETO n. 60: delegare non è semplice, potrai farlo con fiducia nel momento in cui avrai formato e sostenuto efficacemente i tuoi collaboratori, sapendoli in grado di gestire in autonomia anche situazioni nuove.

RIEPILOGO DEL GIORNO 6:

- SEGRETO n. 49: un obiettivo ben formulato è espresso in positivo, ossia dice ciò che hai intenzione di fare e non ciò che non vuoi più fare.

- SEGRETO n. 50: un buon obiettivo deve essere misurabile. Ciò vuol dire che devi stabilire un termine temporale preciso entro il quale raggiungerlo.

- SEGRETO n. 51: altra caratteristica di un buon obiettivo è la "responsabilità". Vuol dire che devi assumerti la responsabilità dell'obiettivo che intendi perseguire, il cui raggiungimento deve dipendere esclusivamente da te.

- SEGRETO n. 52: un obiettivo è "ecologico" se rispetta la tua persona, quindi i tuoi valori e la tua salute.

- SEGRETO n. 53: un obiettivo ben formulato deve rispettare i "vantaggi attuali", ossia tutto ciò che di positivo deriva dalla situazione che attualmente vivi.

- SEGRETO n. 54: una volta focalizzati i tuoi obiettivi di formatore, devi allineare il tuo team ad essi.

- SEGRETO n. 55: il concetto di sinergia corrisponde a un'idea di energia di gruppo, per cui si dice che 1+1, ovvero la somma di due singoli individui, non fa 2 bensì 11.

- SEGRETO n. 56: un buon formatore è in grado di capire quale sia la collocazione più giusta per ogni suo collaboratore e di rispettarne il ruolo.

- SEGRETO n. 57: il buon formatore privilegia la "lode da un minuto" alla "critica da un minuto", per cui preferisce gratificare i suoi collaboratori per ciò che fanno di buono piuttosto che criticarli per ogni errore.

- SEGRETO n. 58: nel rapporto con i tuoi collaboratori ricorda di anteporre la critica alla lode, altrimenti le tue parole sembreranno false.

- SEGRETO n. 59: il buon formatore non si limita a insegnare il lavoro ai propri collaboratori. In seguito li sostiene per continuare a formarli, rendendosi disponibile a fornire ulteriori chiarimenti.

- SEGRETO n. 60: delegare non è semplice, potrai farlo con fiducia nel momento in cui avrai formato e sostenuto efficacemente i tuoi collaboratori, sapendoli in grado di gestire in autonomia anche situazioni nuove.

GIORNO 7:

Come Essere Assertivi nella Formazione

L'assertività è la capacità di essere spontanei, di dire al diretto interessato le cose che si pensano, di avere chiari i propri valori ed è senza dubbio una delle acquisizioni più ambite nell'ambito della formazione e della leadership. Definisco assertivi coloro che sono in grado di farti presente un loro problema nei tuoi confronti senza imbarazzi, mentre la maggior parte delle persone tende a tenersi tutto dentro. In più sono in grado di dirtelo con toni equilibrati e pacati, senza essere eccessivi o troppo autoritari.

Ad esempio, se un capo, facendosi forte del proprio ruolo, esprime la sua contrarietà a un collaboratore dicendo: «Te lo faccio presente perché io ho il potere e perché sono io il capo», no, non è assolutamente questo il punto di vista più giusto. Semmai dovrebbe farlo presente perché il collaboratore sappia di aver leso valori per lui importanti, che è per questo che si è sentito colpito.

Immagina che l'assertività sia il punto centrale, di equilibrio, fra due estremi, la passività e l'aggressività più totali.

Il passivo per eccellenza è colui che tiene dentro ogni sua emozione. Se riceve un torto non dice nulla, sta sempre zitto, non sa decidere e non risponde. Seppure lo tratti male non reagisce e, magari, giustifica il suo atteggiamento dicendo che non gli interessa nulla anche se, in realtà, non è assolutamente così.

Cosa succede però al passivo per eccellenza? Che a un certo punto non riesce più a tenersi tutto dentro e scoppia. Potrei dire che sono le persone più pericolose, poiché quando scoppiano diventano super-aggressive, si arrabbiano al punto di arrivare a fare qualche pazzia.

Questo comportamento deriva spesso dalla timidezza, dall'abitudine o da modelli comportamentali. Ciò che importa, però, è che il passivo estremo è in realtà un modello, non esiste una persona che sia al cento per cento passiva! È vero, tuttavia, che molte persone si avvicinano a questo modello in alcuni loro stati emotivi o in particolari contesti.

Dall'altro lato abbiamo l'aggressivo per eccellenza. Il super permaloso al quale non puoi fare alcun appunto, che ti attacca come forma di difesa, che non riesce a parlare senza aggredirti e così via. Anche in questo caso vale il discorso del passivo estremo: l'aggressivo estremo è un modello, non esiste l'aggressivo estremo come tipo umano, vi sono persone che diventano aggressive più facilmente di altre in dati momenti o contesti.

L'assertività è esattamente il centro, l'equilibrio tra i due opposti. La persona che non è passiva né aggressiva, quindi, non tiene dentro le emozioni, ma le esterna e lo fa con i giusti toni, con equilibrio e pacatezza. Dice: «Mi hai fatto questa cosa, mi sono sentito ferito, cerchiamo di trovare una soluzione perché ciò non accada più». Se i rapporti tra capo e dipendenti, tra dipendenti stessi o, in genere, tra membri dello stesso gruppo fossero basati sull'onestà, la trasparenza e la sincerità, l'intero team sarebbe di maggior successo. È molto importante ed è una capacità non facile da acquisire.

Sulla linea che divide il passivo estremo dall'aggressivo estremo vi sono sei miliardi di tipi umani, quindi potremmo trovarci in qualsiasi punto intermedio: molto aggressivi, poco aggressivi; molto assertivi, poco assertivi; molto passivi, poco passivi e così via.

SEGRETO n. 61: l'assertività è la capacità di dire senza problemi ciò che si pensa, e può essere vista come il centro di una linea immaginaria i cui limiti sono l'aggressivo e il passivo estremo.

Alcuni allievi, durante le mie lezioni, mi hanno chiesto se la condizione in cui ci si trova - passivo, aggressivo o assertivo - non sia una cosa del tutto statica, ma dipenda dal contesto in cui ci si trova. Io dico assolutamente di sì. Ad esempio conosco una persona che sul lavoro è assolutamente assertiva, mentre non riesce ad esserlo con i figli, con i quali in alcuni casi è eccessivamente aggressiva, in altri passiva.

Me ne ha parlato e io le ho fatto notare che sul lavoro mi era sempre parsa una persona delle più assertive, mentre in realtà si sentiva inadeguata perché non riusciva comunque a gestire in maniera serena ed equilibrata i rapporti con i familiari.

In PNL il contesto è tutto, poiché ogni situazione va analizzata nell'ambito in cui si genera e vive. Se però una persona è spesso assertiva e si definisce tale, o comunque vicina all'assertività, questa convinzione è comunque un valore, perché la aiuterà ad agire per il meglio in ogni caso.

C'è un esempio di assertività che mi riguarda. Ricordo che da ragazzo non amavo la birra, per cui quando andavo al pub con i miei amici normalmente sceglievo una Coca-Cola. Chi prendeva la birra scherzava sulla mia scelta, a me non interessava e con serenità rispondevo: «Va bene, a te piace la birra e a me la Coca Cola, e allora? Certo non prendo la birra perché piace a te».

L'assertività vuol dire anche infischiarsene di ciò che pensano gli altri se ci fanno critiche gratuite e ascoltarli, invece, se si tratta di critiche costruttive, che possono aiutare a crescere. Tanto più se le riceviamo con il metodo "one minute", lode e critica messe insieme: lode sull'identità e critica sui comportamenti.

SEGRETO n. 62: essere assertivi vuol dire anche difendere le proprie scelte senza farsi condizionare dalle opinioni contrarie di altre persone.

Alla fine il termine "assertività" è piuttosto generico. In PNL lo definiamo come "nominalizzazione", un termine astratto, che poi però si traduce in comportamenti chiari e precisi. Gli esempi sono un modo per mostrarti una serie di comportamenti rappresentativi dell'assertività, come il saper dire alle altre persone ciò che si pensa nel modo più giusto ed equilibrato.

Quindi, indipendentemente da quanto ritieni di essere assertivo, sappi che puoi migliorare in maniera costante e diventarlo sempre di più in ogni situazione e con ogni persona, anche se ci sono individui con cui sei naturalmente più assertivo rispetto ad altri.

SEGRETO n. 63: puoi migliorare la tua assertività divenendo sempre più assertivo in ogni situazione e con ogni persona, anche se ci saranno sempre contesti e persone che ti aiuteranno maggiormente ad esserlo.

L'assertività si nota, a volte, anche dalla postura delle persone. Se in determinati contesti sei più assertivo che in altri, o se conosci persone che sono molto assertive, nota la postura che adottano nei momenti in cui si comportano da tali.

Anthony Robbins fa della postura, della fisiologia in generale, uno dei pilastri dello stato d'animo e delle emozioni. A suo parere, se una persona è in posizione insaccata, a spalle curve e sguardo basso, è normale che non si senta un granché bene. Al contrario se una persona salta, esulta e alza le mani, si sentirà sicuramente meglio. Non lo ha stabilito Robbins, è qualcosa che a tutti è evidente, un dato di fatto e le persone assertive hanno una loro fisiologia, una loro postura ben precisa.

Quindi la postura è importante per comunicare al nostro cervello quello che pensiamo, il nostro stato d'animo, e ha il potere di influenzare i nostri pensieri e le emozioni. Se ti concentri sull'addome, sul baricentro del corpo, ti sentirai ancora più saldo e questo farà sì che tu ti senta più sicuro nel momento in cui affronterai il pubblico.

Come hai visto, lo si può fare adottando due tipi di tecniche: con l'esercizio di "centratura", immaginando che una retta di luce ci attraversi, o con la variante del "grounding", pensando che lunghe radici si diramino dai nostri piedi ancorandoci saldamente al terreno. Si tratta di un ottimo esercizio di public speaking, ma serve anche ad acquisire assertività, perché chi è assertivo adotta questa postura. Facci caso d'ora in poi.

Come esercizio prova a fare un discorso con il partner, ad esempio di': «Sai, io ho un'idea, un progetto in mente…». Dillo adottando la postura centrata, ti renderai conto di trasmetterla con maggior forza, maggior sicurezza, si vedrà istantaneamente!

Assertività; questo atteggiamento ci può aiutare molto nelle relazioni con il nostro team, con i nostri cari, con i nostri capi, perché ci permette di comunicare in maniera davvero trasparente e semplice. Anche e soprattutto in famiglia, nei rapporti cui teniamo di più, all'interno di un rapporto d'amore uomo/donna o genitore/figlio e figlio/genitore. Essere trasparenti è la cosa migliore che possiamo fare, decidere in base ai nostri valori.

È calzante, in questo senso, l'esempio che facevo prima della birra e della Coca-Cola. Io decido di bere Coca-Cola e non birra perché ho dei valori, delle preferenze, dei bisogni miei personali, indipendenti da quelli degli altri. Con l'assertività posso tener fermo il mio pensiero senza permettere agli altri di schiacciarlo, senza essere passivo e senza aggredire.

Per avere una postura, una fisiologia che trasmetta bene quello che vogliamo comunicare, ovvero l'assertività, ci può essere utile un altro esercizio, denominato **mentoring**. Ma cosa significa mentoring? È una parola inglese che si riferisce al termine "mentore". Nato come nome proprio di un personaggio dell'*Odissea*, ha assunto nel linguaggio comune il significato di esperto e saggio consigliere, di persona che istruisce e forma.

Quindi, per essere più assertivo, puoi fare riferimento a una persona esterna e diversa da te, che tu vedi e sai essere assertiva. Conosci qualcuno che si trova nel centro della linea, nel pieno dell'assertività, quindi a metà strada tra aggressivo e passivo o comunque vicino al centro? Qualche collega, qualcuno di cui hai anche stima e che sai essere assertivo, che sa comunicare in maniera chiara e sa essere trasparente e onesto con te, ma che sa anche mandarti a quel paese quando serve? Perché, alla fine, un amico vero è una persona assertiva che ti sa dire "bravo" se hai fatto bene e sa farti notare quando sbagli, non uno che ti dice sempre di sì e che ti dà sempre e comunque ragione.

L'assertivo è una persona che ti dice: «Fermati, perché in questo momento stai sbagliando», che sa darti uno scossone quando serve. Nel mio lavoro di coach è spesso così, io ascolto le persone ma non dico sempre sì, perché non le aiuterei. Il mio lavoro consiste anche nel far riflettere di fronte a un errore, nel dire: «Che stai facendo?» e poi seguire il mio allievo nei suoi obiettivi, perché ci tengo che li realizzi.

Quindi una persona che conosci e che ha questa caratteristica sa essere il più trasparente, il più onesto, il più forte possibile con te. Spesso nel mio ambiente si dice che non si può fare coaching a una persona cara, o con cui si ha comunque un rapporto affettivo molto stretto, perché si sarebbe troppo coinvolti emotivamente per poter essere assertivi e quindi anche per dare uno strattone quando serve. Questo atteggiamento di lucidità è invece indispensabile, occorre essere il più freddi possibile, altrimenti l'altra persona non cresce.

Quando dai un feedback, quando fai una critica, tu stai aiutando quella persona a crescere e a capire che ha sbagliato un dato comportamento. Quindi anche la critica fa parte dell'assertività ed è importante farla, mai trascurarla.

Un assertivo, quindi, è una persona che ti può aiutare, un tuo mentore, un modello; cioè, dal punto di vista della PNL, qualcuno che puoi modellare e dal quale puoi estrarre una strategia positiva. Visto che la PNL, poi, non è altro che modellamento, significa prendere una persona, un mentore, un modello che hai in mente e che è assertivo.

Questa persona può essere un tuo conoscente, come può essere un personaggio che non conosci ma che ammiri. Puoi prendere ad esempio anche una persona che hai visto in televisione e dire: «Questa persona, secondo me, è molto assertiva».

Una volta, nel fare questo esercizio, un mio allievo prese come modello Costantino, il divo tv spesso presente nei programmi di Maria De Filippi, che indubbiamente ha un suo stile assertivo, pur se a molti dà fastidio. A volte appare troppo aggressivo, ma in genere sa dire a chi di dovere ciò che sente senza eccessi.

Sia Costantino che tanti altri "tronisti" hanno un modo di fare molto assertivo, poiché dicono senza timore ciò che pensano e non permettono agli altri di calpestare le proprie idee. Cercano, alcune volte con troppa aggressività, di imporre il loro punto di vista e rappresentano comunque un modello interessante di studio.

Il mio allievo li scelse come mentori, in ogni caso una scelta possibile e rispettabile. Il proprio mentore può anche essere un personaggio storico o, addirittura, te stesso, tornando con la mente a episodi nei quali sei stato particolarmente assertivo.

Ne parleremo fra poco. Intanto, a titolo di esempio, ti riporto la trascrizione di un esercizio fatto in classe su questo tema.

****

GIACOMO: Per fare questo esercizio ti serve un modello, un mentore. Hai già in mente una persona in particolare?

ANNA: Sì.

GIACOMO: La conosci?

ANNA: Sì.

GIACOMO: Bene. Immagina che sia davanti a te, nel tuo raggio di azione. Dove la visualizzi?

ANNA: È davvero davanti a me, è lui, mio marito! Quindi sono fortunatissima.

GIACOMO: Ora quello che devi fare è provare a immedesimarti nel mentore che hai scelto. Dovrai far finta di essere in lui, in modo tale da sentirti assertiva esattamente come lui. Sei pronta? Fai un passo in avanti ed entra nel tuo mentore. Adesso immagina di essere lui, anzi, sei lui, sei assertiva come lui. In quale zona del tuo corpo avverti l'assertività?

ANNA: La avverto in questa fascia (indicando con le mani la zona che va da subito sotto il seno all'ombelico).

GIACOMO: Avrete notato che, quando le ho chiesto dove avvertiva l'assertività, ha fatto un gran respiro ed è cambiata la sua fisiologia. Questo accade quando le persone si immedesimano o avvertono delle sensazioni. Ora, rimanendo nel posto in cui ti trovi, girati e guarda con i suoi occhi te stessa nella posizione in cui era prima. Sei lui in questo momento e parli a lei, ovvero a te stessa. Dalle un consiglio per migliorare la sua assertività.

ANNA: Stai più calma, cerca di contare fino a dieci ogni volta, prima di fare qualcosa. Poi suda di meno, perché ora stai sudando tantissimo, e cerca di essere più sicura.

GIACOMO: Più sicura, più calma... va bene. Immagino tu sia tendenzialmente un po' più aggressiva.

ANNA: ... sì.

GIACOMO: Sì, sì! Fai un passo indietro e rientra in te sapendo che il tuo mentore ti ha appena dato dei consigli preziosi e falli tuoi. Immagina di sentirti più calma, più sicura e meno ansiosa! Ah... guardate come si scioglie! Immagina di sentirti più assertiva, di comportarti così in tutte le situazioni della tua vita che dovranno ancora venire; immaginati in un'occasione in cui, in genere, sei aggressiva e immagina di comportarti come lui ti ha suggerito.

Quindi ti vedi più calma, più sicura, più assertiva in generale. Vedi come tutto succede con la massima naturalezza? Tu sei più assertiva, le persone ti rispettano e si rendono conto che sei molto più calma del solito, in questa situazione e in tante altre che ti possono capitare nella vita in cui, magari, nel passato non sei stata così assertiva. Lascia che il pensiero vaghi e immagina situazioni in cui ti potrai comportare in maniera assertiva. Ti piace come idea?

ANNA: Sì, molto.

GIACOMO: Pensi che il tuo mentore possa darti altri consigli? Proviamo a prenderne un altro? Torna in lui un attimo e dalle un consiglio.

ANNA: Ci devo pensare perché sta diventando brava mia moglie e…

GIACOMO: Sta diventando brava e non ne hai quasi più bisogno, eh!

ANNA: Sto bene così.

GIACOMO: Va, bene, allora rientra in te. Vedi? Spesso si pensa di aver bisogno di aiuto per divenire più assertivi, invece basta immedesimarsi un attimo nel proprio mentore, ricevere un piccolo consiglio, riprendere la sensazione, sentirla dentro e tutto arriva naturalmente. Perché tu hai avvertito la sensazione e poi l'hai portata con te, facendola tua.

Va bene così, grazie. Sei stata bravissima, soprattutto perché è stata la tua prima dimostrazione, il tuo primo corso e hai fatto benissimo l'esercizio, nel senso che è successo esattamente tutto quello che speravo e che non ero sicuro sarebbe successo.

****

A volte, infatti, è necessario più di un consiglio. Inizialmente sembra che uno basti, mentre poi ci si rende conto di avere ancora bisogno di aiuto. Nel caso della mia allieva, invece, ne è davvero bastato uno. Spesso sono sufficienti pochi minuti, si finge di entrare nell'altra persona e si attinge alle sue risorse. Il cervello umano funziona così.

Bandler dice: «Se ti immedesimi in una persona che sai essere assertiva e richiami le sue sensazioni, anche se stai giocando, nel tornare in te stesso ti troverai arricchito delle sue risorse». In teoria lei, inizialmente, non aveva la risorsa dell'assertività, solo nel momento in cui si è calata nel suo mentore è riuscita a farla sua. Infatti le è cambiato il respiro e la fisiologia e poi, tornando al suo posto, ha portato con sé le nuove sensazioni che le ha trasmesso il mentore.

Cosa ho fatto in più? Un ricalco sul futuro, un "ponte sul futuro", le ho fatto visualizzare situazioni in cui, in genere, non è assertiva e semplicemente ho cambiato la sua visione, il suo modo di vederle. Nello stesso modo, durante l'esercizio della visione, ho fatto visualizzare al mio allievo immagini mentali in cui tutto andava bene, in cui aveva raggiunto il suo obiettivo e la situazione funzionava come sperato, cioè con assertività.

La mia allieva sembra aver acquistato una risorsa da un'altra persona, ma, in realtà, l'ha sempre avuta in sé. Non si tratta che di un gioco. È una scusa per recuperarla ed esternarla. Bandler ha visto che tutto questo funziona molto bene e potrai verificarlo tu stesso esercitandoti. I primi libri di Bandler erano intitolati *La struttura della magia* e *Magia in azione*, perché si trattava di esercizi talmente semplici ma così efficaci da lasciare interdetto chi li provava. Basta poco per estrarre risorse che abbiamo sempre avuto dentro, è semplice, provaci anche tu.

Come dicevo poco fa, puoi scegliere come mentore anche te stesso nei momenti in cui ti trovi particolarmente assertivo. Ricordi l'esempio della persona molto assertiva sul lavoro ma poco in famiglia? Ebbene potrebbe dire a se stessa: «In questo momento non mi sento molto assertiva in famiglia, vorrei esserlo di più». Poi pensa a se stessa sul lavoro e si dice: «Io sul lavoro sono molto assertiva, entro in me stessa in quella situazione».

Una volta entrata nella se stessa del contesto lavorativo, pensa: «La me stessa sul lavoro cosa direbbe alla me stessa in famiglia quando la vede comportarsi in maniera poco assertiva?» Prende l'assertività che ha sul lavoro e la trasporta nel campo degli affetti familiari.

Durante i miei corsi molti miei allievi prendono me come mentore per fare l'esercizio, mi fa molto piacere e li ringrazio per l'onore. È un esercizio molto utile che può essere utilizzato non solo per l'assertività, ma anche per la sicurezza e l'autostima.

Hai bisogno di felicità e serenità? Conosci qualcuno molto sicuro di sé? Sì? Ecco, fai il medesimo esercizio sulla sicurezza. Prendi come mentore una persona molto sicura di sé, con grande autostima, molto determinata sul lavoro o che raggiunge sempre gli obiettivi che si prefigge e, attraverso l'esercizio, assumi tutte le risorse di cui hai bisogno. Puoi utilizzarlo per qualsiasi cosa ti serva, che sia l'assertività, la felicità, la forza o il coraggio e questo è davvero interessante.

Io ricordo di aver fatto questo esercizio, immedesimandomi in Anthony Robbins, poco dopo aver seguito un suo corso. L'ho scelto perché è un grande modello di forza, di motivazione, di carica e carisma. Ho immaginato di entrare in lui, ho estratto tutte le risorse di cui avevo bisogno e che vedevo in lui amplificate come in nessun altro al mondo e le ho trasferite in me. Fare questo esercizio prima di tenere da formatore un corso di motivazione può fornire una certa carica aggiuntiva, del carisma in più, perché permette di estrarre le risorse di chiunque si scelga in maniera davvero semplicissima.

Ho fatto un esercizio simile, sempre riguardante l'immedesimarsi in qualcuno, con un mio allievo durante una sessione di corso. Aveva scelto di immedesimarsi in Milton Erickson, grande ipnoterapeuta studiato da Richard Bandler e John Grinder nei primi anni della loro attività. Nel farlo si scoprono cose interessantissime, si attinge a mille risorse e capacità che mettono in grado di creare a se stessi e agli altri stati di rilassamento.

Per cui anche tu potrai, senza difficoltà, entrare in qualsiasi personaggio che stimi e dal quale desideri attingere risorse e, semplicemente, prenderle. Il mio allievo che si era immedesimato in Milton Erickson sembrava davvero esserlo, parlava nel modo in cui avrebbe parlato lui, addirittura imitandone il timbro e il tono di voce! Una volta rientrato in se stesso ha portato le risorse di Erickson con sé e si è trovato arricchito. È molto semplice.

Questo è uno dei modi per formare te stesso e le persone che lavorano con te: dando tu per primo l'esempio di condotta giusta per raggiungere l'obiettivo del gruppo che tu stesso hai indicato e allineando te stesso e gli altri a tenere comportamenti congruenti al conseguimento del fine. Come leader, infatti, sei un esempio, un modello e, che tu lo voglia o no, i tuoi collaboratori cercheranno di adeguarsi a te.

Chi tra i miei allievi ha fatto la scuola "Formazione formatori", sa che imparerà a parlare in pubblico non solo grazie al corso di public speaking dedicato, ma anche per mia imitazione. Mi vedrà ad ogni corso per dieci/quindici sessioni e, per apprendimento spontaneo, tenderà ad agire come me, esattamente come accade per i bambini.

I bambini, infatti, imparano a camminare, a parlare, a fare qualsiasi cosa modellando i genitori, gli adulti in genere e gli altri bambini che frequentano. È così che funziona l'apprendimento, questo è emerso dagli studi di PNL e non solo. Per cui, esattamente come si farebbe con un bambino, la cosa più giusta è fornire al proprio gruppo un esempio di congruenza, di correttezza, di onestà e trasparenza.

SEGRETO n. 64: un'ulteriore tecnica che aiuta a migliorare la propria assertività è il "mentoring", che consiste nell'immedesimarsi in chi si considera assertivo o, eventualmente, anche in se stessi in momenti in cui si è stati particolarmente assertivi.

Ecco perché è importante fissare gli obiettivi e quindi, prima di tutto, guidare. Magari, come nel nostro esempio iniziale, vincere la coppa per un amico che si è fatto male. Oppure allinearsi a questa missione, a questo obiettivo, che sia tuo personale o della tua azienda. Avere una missione chiara, un obiettivo definito e renderlo noto agli altri.

È importante allinearsi per essere un esempio coerente con i propri valori, con la propria missione e far allineare tutto il gruppo ad essa. Non solo. Anche per far sì, mi raccomando, che gli obiettivi individuali di ciascuna persona trovino un corrispettivo all'interno della missione aziendale.

Questo è fondamentale in qualsiasi gruppo, perché siamo diversi, ognuno ha una propria individualità ed è importante che venga rispettata. Il modo migliore per farlo è tener conto degli obiettivi di ognuno, anche avvicinando fisicamente la persona mentre svolge il proprio lavoro. Io stesso ogni tanto mi siedo accanto al nostro responsabile clienti e guardo il modo che ha di rispondere alle mail. Non lo faccio per controllarlo standogli con il fiato sul collo, tutt'altro, il mio scopo è aiutarlo e sostenerlo.

L'attitudine a formare e la capacità di farlo è tutta in questo atteggiamento. Consiste non solo nell'insegnare, ma anche nel sostenere, aiutare e rendersi disponibili con i propri collaboratori, sforzandosi di comprendere le loro esigenze. Un buon formatore, un leader valente, gira fra loro non certo per far scena e farsi vedere, ma per osservarli a 360 gradi, aiutarli e sostenerli. Cosa che va principalmente a suo vantaggio, perché con collaboratori preparati e sostenuti la sua azienda otterrà migliori risultati.

Se non dirigi un'azienda ma sei un manager, aiuta il capo a sostenerti, a formarti, chiedigli di specificare il meglio possibile gli obiettivi che ti propone di raggiungere. Ricorda il discorso degli "obiettivi da un minuto". Se sei un leader, indica ai tuoi collaboratori un obiettivo semplice, misurabile e positivo. Se invece collabori all'interno di un gruppo chiedi al tuo capo di esplicitare per iscritto l'obiettivo che vuole raggiungere, in modo tale che sia il più chiaro e definito possibile. Se non è preciso, fagli delle domande di misurabilità.

Ad esempio, se ti chiede di aumentare il fatturato, questo è un obiettivo dai margini troppo larghi per essere eseguito bene. Se non pretendi che lo specifichi adeguatamente, rischi poi di incorrere in litigi dovuti alla comprensione dell'obiettivo stesso. Potrebbe rimproverarti, dopo qualche tempo, di non averlo aumentato nel modo che avrebbe voluto, o dell'entità che aveva in mente, ma che, in entrambi i casi, non ti aveva comunicato.

Ora che sai come formulare bene e specificare a dovere un obiettivo, hai la possibilità di fare le domande più giuste per capire cosa davvero vuole il capo da te. Tornando all'esempio del fatturato, potresti chiedere: «Bene, di quanto vuole migliorato il fatturato ed entro quanto tempo?»

Sii assertivo anche nel chiedere, non devi aver paura di far domande per timore che il capo si indispettisca. Spesso, infatti, si tende a essere passivi di fronte a chi percepiamo come autorità, ad esempio un capo o un medico. Al contrario, è proprio in quei casi che bisogna tirar fuori la propria carica interiore per capire e fare più domande possibile, perché, in fin dei conti, siamo tutti persone con la propria identità.

Tieni bene a mente la frase che ora leggerai. È importante. *Noi come identità (noi/identità) non siamo noi come comportamenti (noi/comportamenti)*. La nostra identità e i nostri comportamenti sono su due livelli completamente diversi. Se fai una stupidaggine non significa che tu sia uno stupido, è solo che in una data occasione hai avuto un atteggiamento sciocco.

Quando ricevi delle critiche, non permettere agli altri di toccare la tua identità o, se anche lo fanno, sappi che in realtà stanno criticando i tuoi comportamenti e non la tua identità. Non sentire attaccata la tua autostima e non litigare con nessuno.

Spesso mi sento dire: «Come fai a non litigare mai con nessuno e a non perdere mai la calma?» È semplice, so che le persone spesso comunicano in modo errato rispetto a ciò che pensano e lo fanno per abitudine, per insegnamento, per modellamento di comportamenti altrui non corretti. Quindi, anche se ti senti offeso dall'affermazione di qualcuno, prendila costruttivamente e pensa che probabilmente è rimasto infastidito da un tuo comportamento. Non sentire colpita la tua identità! Sarà sufficiente che cambi atteggiamento nei suoi confronti per far sì che i rapporti tornino distesi.

Se qualcuno ti dice: «Tu sei un incapace», rispondi: «Cosa esattamente ho sbagliato?» Con una domanda vai a specificare, a chiedere qual è il comportamento che, secondo lui, hai sbagliato. Sposti l'attenzione dall'identità al comportamento. Non prendertela, conosci le meccaniche mentali di chi ti parla e ora che hai gli strumenti per comprenderle non hai più scuse per offenderti, per essere permaloso. Invece di arrabbiarti ricorda di sottolineare sempre i tuoi punti di forza, con te stesso innanzitutto e poi con gli altri.

SEGRETO n. 65: la tua identità e i tuoi comportamenti sono su due livelli diversi, per cui se ricevi una critica fa' sì che non intacchi la tua identità, sposta l'attenzione sui tuoi comportamenti.

Cerca per te il ruolo più giusto in azienda in base ai tuoi punti di forza. Se sei un leader rispetta quelli degli altri per attribuire il ruolo più giusto a ciascuno di loro. In ogni caso abbi sempre massimo riguardo alla soggettività di ognuno, è la base della PNL.

Ora sta a te trasportare nella vita reale tutto ciò che fin qui ti ho insegnato. È facile dire: «Io sono assertivo, sono in equilibrio», oppure «Sono quasi arrivato all'obiettivo dell'equilibrio», ma non ha senso se poi, nella vita quotidiana, ti accade di essere estremamente passivo o aggressivo e te ne capitano di tutti i colori.

È insensato controllare l'allineamento ai livelli, fare analisi accurate se poi, nella vita quotidiana, i tuoi comportamenti non rispecchiano chi sei o ciò che vorresti essere. Magari trascorri giornate intere a faticare su un lavoro che non c'entra niente con i tuoi obiettivi e valori, mentre vorresti fare tutt'altra cosa.

Quindi, con un po' di tempo in più, approfondisci gli esercizi, possibilmente con un compagno, perché è importante fare più pratica possibile per potersi avvalere efficacemente di questi strumenti nella vita reale.

RIEPILOGO DEL GIORNO 7:

- SEGRETO n. 61: l'assertività è la capacità di dire senza problemi ciò che si pensa, e può essere vista come il centro di una linea immaginaria i cui limiti sono l'aggressivo e il passivo estremo.

- SEGRETO n. 62: essere assertivi vuol dire anche difendere le proprie scelte senza farsi condizionare dalle opinioni contrarie di altre persone.

- SEGRETO n. 63: puoi migliorare la tua assertività divenendo sempre più assertivo in ogni situazione e con ogni persona, anche se ci saranno sempre contesti e persone che ti aiuteranno maggiormente ad esserlo.

- SEGRETO n. 64: un'ulteriore tecnica che aiuta a migliorare la propria assertività è il "mentoring", che consiste nell'immedesimarsi in chi si considera assertivo o, eventualmente, anche in se stessi in momenti in cui si è stati particolarmente assertivi.

- SEGRETO n. 65: la tua identità e i tuoi comportamenti sono su due livelli diversi, per cui, se ricevi una critica fa' sì che non intacchi la tua identità, sposta l'attenzione sui tuoi comportamenti.

Conclusione

Quello che abbiamo visto sinora la Programmazione Neuro-Linguistica l'ha scoperto in questi ultimi trent'anni osservando i più grandi public speaker, i più grandi formatori e i più grandi conferenzieri di successo, al fine di estrarne delle strategie. Le strategie per realizzare una buona formazione sono quelle che abbiamo visto in questo ebook, che non consistono solo nel come strutturare un messaggio, ma anche nel fare attenzione ed essere focalizzati sul pubblico.

Quindi non solo le tecniche sono importanti, ma anche l'atteggiamento. È vero che spesso mi sono espresso per tecniche e ho detto che per entrare in rapport con il pubblico occorre usare lo sguardo e fare domande, ma quello che ti ho voluto trasmettere è l'atteggiamento mentale di sensibilità e concentrazione nei confronti delle persone che hai di fronte. Devi farlo non solo con lo sguardo o con le domande, ma anche con il vero interesse di capire cosa le persone vogliono da te, cosa vogliono da quello che gli dici o fai. Devi far loro domande per comprenderne le necessità, mantenere il contatto e farle interagire fra loro. Falle conoscere l'una con l'altra, fa' vivere loro una bella esperienza tutte insieme. Questo è quello che interessa di più.

Ovviamente, il punto di partenza siamo noi formatori. Se stiamo bene con noi stessi possiamo stare bene con gli altri, possiamo permetterci di ascoltare obiezioni e critiche, possiamo metterci in gioco, essere giudicati e sentirci lo stesso tranquilli, tanto più se abbiamo strumenti e tecniche come quelli della PNL per trasmettere sicurezza. Possiamo sbagliare anche noi, avere un vuoto di memoria, dimenticarci qualcosa, magari avere di fronte a noi persone che non ci aiutano nel nostro lavoro. Ma sappiamo come prenderle, come capirle, perché abbiamo studiato la PNL, perché conosciamo delle tecniche efficaci. E non solo per questo, ma perché abbiamo comprensione, perché capiamo che le altre persone sono diverse.

E quindi, se per esempio una persona di sessant'anni, che fa il suo lavoro da tanto tempo, vede un giovane che arriva per insegnargli qualcosa, potrebbe non esserne contento. Lo capisco, sarei io il primo a non esserlo. Se io ho sessant'anni e faccio il formatore da quaranta e arriva un ragazzino di trenta che mi dice: «Adesso io ti insegno a fare il formatore», certo che mi arrabbio, ed è normale.

Se però quel ragazzino è bravo, se mi sa prendere, mi dirà: «Tu hai sessant'anni e sono quarant'anni che fai questo lavoro. Io ho trenta anni, però ho appena scoperto delle tecniche che vengono dall'America, nuove strategie di Programmazione Neuro-Linguistica grazie alle quali potrai migliorarti ancora». Io sono ben felice e gli dico: «Grazie, insegnamele». Perché è nel mio atteggiamento la spinta a imparare sempre cose nuove, che vengano da un ragazzino, da un adulto o da un libro. A me va bene tutto, anche perché è mio interesse aggiornarmi continuamente e saperne sempre di più.

La cosa più facile è che tu dica alle persone esattamente la cosa che loro già pensano, dire le cose come stanno: «Hai sessant'anni e sono quarant'anni che fai questo lavoro, vero?» E la persona ti risponde: «Sì, è vero». Le hai fatto dire un primo sì e se abitui le persone a dire di sì, già solo per questo avrai creato sintonia, perché continueranno a dirti di sì, non c'è più contrasto, ma vicinanza, somiglianza. Far dire di sì a un cliente è anche una tecnica di vendita, tu dici: «Ti interessa la famiglia e ti piacciono le belle macchine? Sì? Ecco, è questa la macchina per te». E per il fatto di avergli fatto dire di sì un po' di volte, alla fine lui dirà di sì anche alla macchina, la vedrà più bella. Bandler dice: «In una buona vendita, dovete far sì che ogni muscolo, ogni fibra del vostro cliente dica di sì. Dovete essere in una tale sintonia da averlo nelle vostre mani, da lavorare insieme verso un obiettivo comune».

Oggi siamo qui, io a scrivere e tu a leggere, non perché io ti stia spiegando come parlare in pubblico, ma perché ognuno di noi due sta raggiungendo degli obiettivi. Come sempre, dietro la missione comune ci sono gli obiettivi dei singoli, che per te sono le varie motivazioni per le quali sei qui a leggere. La mia motivazione, per cui sono qui a scrivere, è insegnare, contribuire, lavorare e dire quello che conosco e che ho imparato anche all'estero.

L'invito all'azione che ti faccio è che il vero corso cominci per te già da stasera o da domani, o comunque quando ti servirai delle tecniche che hai visto in questi giorni. Ma le puoi adottare già da subito, nella vita quotidiana. Se esci con gli amici racconta loro una barzelletta, oppure puoi raccontare delle lezioni apprese. Puoi fare un buon decollo dicendo: «Sai, ho imparato una cosa incredibile. Sai cosa ho letto? Che la paura di parlare in pubblico è la seconda paura più importante, più temuta dopo quella della morte». Vai lì con una statistica per incuriosirli. Poi di': «Sai, ho imparato che nel parlare in pubblico ci sono tre pilastri da seguire e poi questo, questo e questo. Anche tu potresti interessartene».

Quindi datti da fare, perché sei migliorato già tantissimo con le strategie che hai imparato in questi giorni, ma non basta, perché la crescita non finisce mai. Se io sono qui a scrivere è perché io stesso sto continuando a fare esperienza e sarò ogni giorno più bravo, ogni giorno di più. Quindi, magari tra un anno, lo stesso corso sarà diverso e avrà qualcosa in più, avrò un anno in più di esperienza da insegnare, per darti nuovi strumenti, nuove idee e nuovi spunti.

Buon Lavoro!
Giacomo Bruno

9 788861 741201